AF346521

INSTRUCTION

SUR LES

GRANDES MANOEUVRES

DE L'ARMÉE AUTRICHIENNE

STRASBOURG, IMPRIMERIE DE VEUVE BERGER-LEVRAULT.

INSTRUCTION

DE 1867

SUR LES

GRANDES MANŒUVRES

DE L'ARMÉE AUTRICHIENNE

———

TRADUIT

PAR

LE COMMANDANT SCHENCK

PARIS

VEUVE BERGER-LEVRAULT ET FILS, LIBRAIRES-ÉDITEURS

5, RUE DES BEAUX-ARTS

MÊME MAISON A STRASBOURG

1869

AVIS DES ÉDITEURS.

On ne saurait nier que c'est à l'année 1866 et aux événements militaires qui s'y sont accomplis, qu'il faut attribuer toutes les transformations et les améliorations que les grandes puissances de l'Europe ont fait subir à leurs armées.

Partout ce travail d'organisation nouvelle s'est fait avec un empressement qui a démontré assez clairement le besoin où l'on était de se tenir prêt à toutes les éventualités; mais nulle part peut-être, comme en Autriche, a-t-on poursuivi, avec une suite plus grande dans les idées, les améliorations dont la dernière guerre avait montré si cruellement la nécessité. Questions de recrutement, d'armement et de tactique nouvelle, loi sur l'avancement, connaissances plus étendues exigées des officiers, etc.; toutes ces transformations se sont produites successivement en Autriche, de manière à régénérer l'armée et à rendre à cette puissance sa prépondérance légitime et sa confiance dans l'avenir.

Les *Grandes Manœuvres* que nous mettons sous les yeux du public militaire français, ont paru à la fin de 1867, au lendemain, pour ainsi dire, du désastre de 1866, après avoir été élaborées par une haute commission militaire, à la tête de laquelle figuraient l'une des plus grandes illustrations de l'époque, l'archiduc Albert, le vainqueur de Custozza, et le feld-maréchal baron de Kuhn, ministre de la guerre.

Ce ne sont donc pas les manœuvres que l'Autriche a employées dans la campagne de Bohême, mais bien celles que lui ont conseillées un armement nouveau et les faits accomplis. Aussi ne saurions-nous trop les recommander à MM. les Officiers de l'armée française comme une œuvre nouvelle et empreinte, à chaque page, des leçons de l'expérience.

TABLE DES MATIÈRES.

DEUXIÈME SECTION.

Mouvements.

TROISIÈME SECTION.

Feux, offensive, défensive, relèvements, combat de tirailleurs.

DEUXIÈME PARTIE.

QUATRIÈME SECTION.

*Composition, direction et mouvements de grands corps d'armée,
à partir de la brigade.*

CINQUIÈME SECTION.

Feux, offensive, défensive, relèvements.

SIXIÈME SECTION.

*Rôles, dans les grands corps d'armée, des bataillons de chasseurs,
de la cavalerie et de l'artillerie qui les composent.*

APPENDICE.

Dispositions à prendre pour les revues.

INSTRUCTION

SUR LES MANŒUVRES

DES

GRANDS CORPS DE TROUPES

DEPUIS ET Y COMPRIS LE RÉGIMENT.

INTRODUCTION.

1. Le Règlement sur les exercices des troupes d'infanterie contient les prescriptions relatives à leur instruction et à leur rôle tactique jusques et y compris le bataillon.

2. La présente Instruction sur les manœuvres est destinée à faire connaître les voies et les moyens qu'il faut suivre en tactique pour diriger, conduire et employer *les corps d'infanterie de la force d'un régiment et au delà*, soit que ces corps agissent isolément, soit qu'ils concourent avec les deux autres armes à un but commun.

En même temps cette Instruction a pour but de rendre familière *la langue du commandement*, c'est-à-dire, la manière la plus brève et la plus exacte d'émettre les ordres; que ceux-ci soient donnés par la voix du commandant (ce mode n'est plus usité que pour le régiment), ou qu'ils soient transmis verbalement ou par écrit. Dans tous les cas, cette terminologie, qui se complétera par les mouvements correspondants contenus dans le Règlement sur les exercices, devra être la même pour tous les commandants et pour les officiers qui leur sont attachés.

3. Dans les manœuvres tactiques d'un régiment et de corps de troupes plus grands, on ne peut pas exiger, comme dans celles d'un bataillon, que les mouvements de toutes les subdivisions (c'est-à-dire, chaque bataillon dans le régiment, chaque régiment dans la brigade, etc.) se fassent *simultanément et d'une manière uniforme.*

Bien qu'il soit essentiel, dans les manœuvres de grands corps de troupes, que l'évolution s'exécute avec ordre et rapidité, et que les subdivisions soient dirigées, dans la formation la plus convenable et par la ligne la plus courte, vers les points qui leur sont indiqués par le mouvement général ordonné; néanmoins, les subdivisions s'établiront dans leurs positions plus souvent d'une manière *successive*, en mettant à profit certaines circonstances telles qu'il s'en présente dans le cours de tout combat et de toute opération militaire.

On devra, déjà dans les manœuvres en temps de paix, se pénétrer avec justesse de ce principe et avoir

soin de faire agir les subdivisions isolées et les différentes armes en tenant compte de leurs propriétés particulières et au moment le plus opportun. Cette considération guidera aussi dans le choix *de la forme tactique*
la plus appropriée tout à la fois à la destination spéciale
et à l'organisation de la troupe ou de l'arme, au but que
l'on poursuit et au terrain sur lequel on manœuvre.

4. La plus grande simplicité, unie autant que possible
à une bonne préparation, doit être la base de toutes les
manœuvres des grands corps de troupes en temps de
guerre comme en temps de paix; par contre, on doit
rigoureusement repousser toute propension à certaines
combinaisons purement mécaniques, ne tendant pas à
un but déterminé et ne trouvant jamais leur application
dans la pratique.

5. Enfin, cette Instruction n'a nullement pour objet
d'énumérer ou d'épuiser toutes les combinaisons et tous
les cas tels qu'ils peuvent se présenter, en réalité, à celui
qui commande, d'une façon souvent aussi surprenante
qu'inattendue. Mais il ne faut pas non plus la considérer comme un pur formulaire auquel doive s'accrocher
le chef timoré et irrésolu qui, méconnaissant l'esprit
des principes qui sont énoncés dans cette Instruction,
croirait que de la forme seule dépend le salut.

PREMIÈRE PARTIE.

DU RÉGIMENT.

---

§ 1.

Généralités.

6. Le régiment est le premier grand corps de troupes qui peut déjà, par son influence numérique, obtenir des résultats de quelque importance dans le combat, puisqu'il représente la réunion de 3 ou 4 bataillons sous un seul commandement.

7. L'*unité d'organisation* du régiment, dont les avantages sont encore rehaussés par l'esprit de corps, par la discipline et par le sentiment d'une liaison intime, doit aussi être conservée au point de vue *tactique*. Le *régiment* est donc à considérer, sous tous les rapports, comme un seul tout placé sous les ordres de son colonel. C'est à celui-ci, en sa qualité de chef suprême, qu'il appartient, au moment opportun, de tirer parti de cette individualité, grâce à une direction prévoyante, utile et énergique et à un juste emploi de ses troupes ; c'est lui qui doit enchaîner au drapeau du régiment succès, gloire et honneur.

8. En conséquence, sauf le cas d'un détachement d'une certaine durée et où un bataillon isolé est nécessairement abandonné à lui-même, le colonel seul doit faire parvenir aux chefs de bataillon tous les ordres relatifs aux combinaisons tactiques du régiment. Il donnera ces ordres, ou bien de sa propre initiative, ou bien d'après les avis que ses supérieurs lui feront parvenir au fur et à mesure des éventualités, selon que le régiment agira isolément ou conjointement avec un plus grand corps de troupes (brigade, division, etc.).

PREMIÈRE SECTION.

FORMATIONS ET MANŒUVRES D'UN RÉGIMENT.

§ 2.

De la formation en général.

9. Si un régiment doit se tenir prêt à prendre immédiatement une part quelconque à un combat, que ce soit pour entamer une action ou pour intervenir dans une affaire déjà engagée, la répartition de ses bataillons dépendra du terrain et du but qu'on se propose d'atteindre, sans toutefois que cette répartition porte préjudice à la liaison toujours nécessaire des bataillons entre eux.

La formation adoptée pour cet objet se nomme *formation de combat.*

10. Mais si, dans l'attente des éventualités ou d'ordres déterminant le rôle futur du régiment, il s'agit
simplement de le tenir, sur un espace restreint, à la
disposition du général, ou de le faire manœuvrer en
dehors du champ de bataille proprement dit, on donne
à cette manière d'assembler la troupe le nom de *formation normale*.

11. Dans les deux formations les circonstances décideront si les bataillons d'un seul et même régiment devront être rangés en une seule ligne l'un à côté de
l'autre, *ou bien* si les bataillons de la première ligne
devront être suivis de fractions du même régiment destinées à servir de soutiens et formant une deuxième
ligne de réserve.

La formation du régiment en une seule ligne ne peut,
en principe, avoir lieu que lorsque le régiment agit,
non pas isolément, mais comme partie tactique d'un
plus grand corps de troupes.

Quand, au contraire, le régiment est réduit à ses
propres forces, il doit *invariablement* disposer ses bataillons de telle manière que la première ligne de combattants ait derrière elle une ligne d'égale force, destinée à la relever et à la soutenir, ou qu'elle soit suivie
d'un ou de plusieurs bataillons de réserve au point qui
paraît le plus important pour le résultat qu'on veut
obtenir.

12. De là résulte la formation d'un régiment en une
ou deux lignes, en une ligne avec réserve derrière l'une
des ailes, derrière le centre, etc.

La répartition des bataillons, dans ces différentes formations, dépend des circonstances et est laissée au jugement du colonel; devant l'ennemi il réglera cette répartition d'après les missions spéciales qu'il juge indispensable de donner aux différents bataillons, d'après les pertes éprouvées, d'après la consommation convenablement réglée des munitions, etc.; dans les manœuvres en temps de paix, il aura soin de varier surtout la position des différents bataillons, afin que chacun de leurs chefs soit habitué à se trouver dans toutes les situations imaginables.

§ 3.

Formation de combat d'un régiment.

13. La formation de combat d'un régiment exige les dispositions suivantes :

1. Formations des bataillons et rapports réciproques
des lignes.

14. Les bataillons de la 1re ligne peuvent se former:
    a) En colonne (en ligne),
    b) En ligne déployée.

Pour les détails, voir le Règlement sur les exercices.
Le choix de la formation dépend des circonstances.
Sur un terrain coupé on formera la *ligne en colonne*; quand on aura l'intention de faire usage de la mousqueterie, la ligne sera formée *en ligne déployée*.

15. Les bataillons *de la 2ᵉ ligne*, au contraire, adopteront une formation qui leur assure, avant tout, la *mobilité* et leur permette, en conséquence, de se porter rapidement sur tous les points de la 1ʳᵉ ligne aussi bien pour y passer immédiatement à une nouvelle formation, que pour suivre toujours les mouvements de la 1ʳᵉ ligne.

La ligne déployée et la ligne en colonne ne sont donc pas applicables *aux bataillons de la 2ᵉ ligne ou de la réserve.*

16. Deux bataillons de la 1ʳᵉ ligne placés l'un à côté de l'autre conserveront l'intervalle nécessaire pour le déploiement, plus une distance de *12 pas* (intervalle de bataillon).

Les mêmes intervalles seront observés par les bataillons de la 2ᵉ ligne, qui du reste, lorsque les deux lignes comprendront un même nombre de bataillons, se disposeront derrière ceux de la 1ʳᵉ, de manière que les drapeaux se correspondent.

Mais cette règle n'empêche pas qu'on ne puisse éventuellement disposer les bataillons extrêmes de la 2ᵉ ligne à une longueur de bataillon en dehors de la 1ʳᵉ, dans le but de mieux garantir les flancs, de faire concourir ces bataillons directement à une attaque, etc.

17. Si la 2ᵉ ligne ou la réserve n'est formée que par un seul bataillon, celui-ci sera placé, suivant les circonstances, derrière le centre ou derrière l'une des ailes de la 1ʳᵉ ligne.

2. *Distance des lignes entre elles.*

18. L'intervalle qui doit séparer les différentes lignes
se mesure du front de la 1re ligne à la tête de colonne de
la 2e.

Fɪɢ. I.

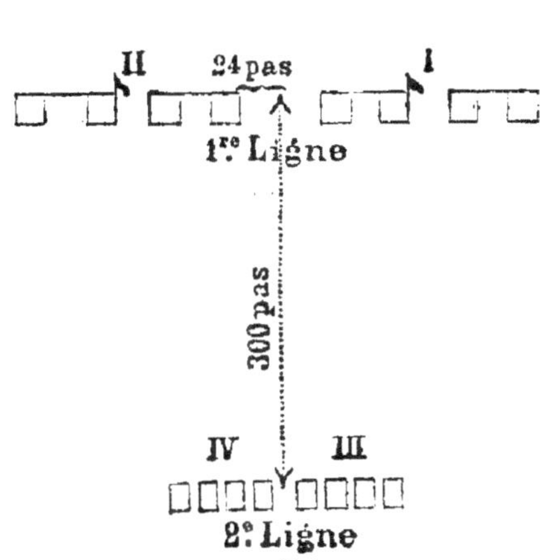

19. Devant l'ennemi, la distance des lignes dépend
du terrain et des circonstances du combat.

Cette distance doit toujours être telle que la 2e ligne
ne soit pas trop exposée à la mousqueterie ennemie
(résultat que les chefs de bataillon obtiendront encore
en sachant utiliser judicieusement le terrain), et que
cependant elle puisse appuyer promptement la 1re ligne.

A moins d'ordre spécial, ou bien si la position de la
2e ligne ou de la réserve (et ce cas se présente très-
souvent dans la défensive) n'est pas clairement indiquée

par la configuration du terrain, la distance des lignes sera au moins de 200 à 300 pas.

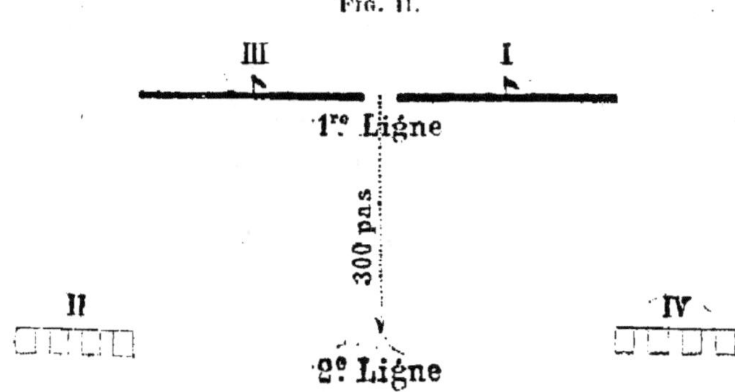

20. Mais comme il peut arriver aussi qu'on se voie obligé de diminuer momentanément la distance des

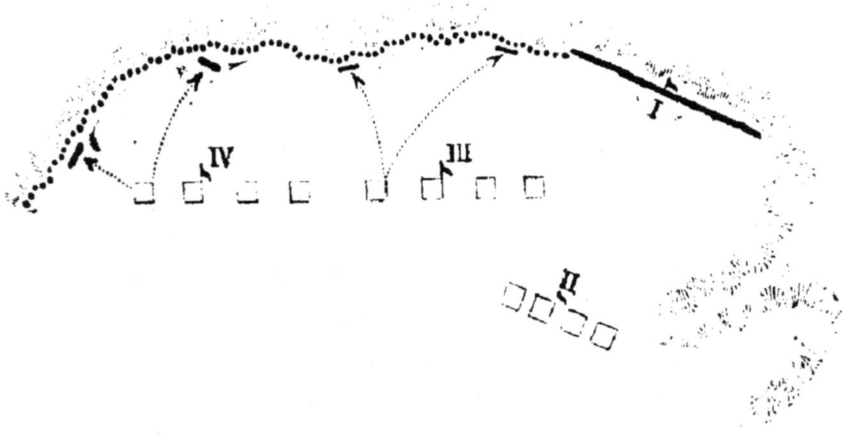

lignes; par exemple quand il s'agit de concentrer toutes

les forces d'une troupe sur un point déterminé, il résulte de ce qui a été dit, qu'il est du devoir des colonels et des généraux de porter une attention scrupuleuse à la fixation des distances.

Ces distances seront réglées, avant tout, d'après le terrain et d'après les éventualités du combat.

§ 4.

Formation normale.

21. Dans ce genre de formation, le plus petit espace de terrain devra être occupé. Les bataillons conserveront donc toujours la distance de bataillon (12 pas).

La distance des lignes est de 30 pas. Les bataillons de la 2ᵉ ligne sont couverts par ceux de la 1ʳᵉ, de manière que les centres se correspondent.

Fig. IV.

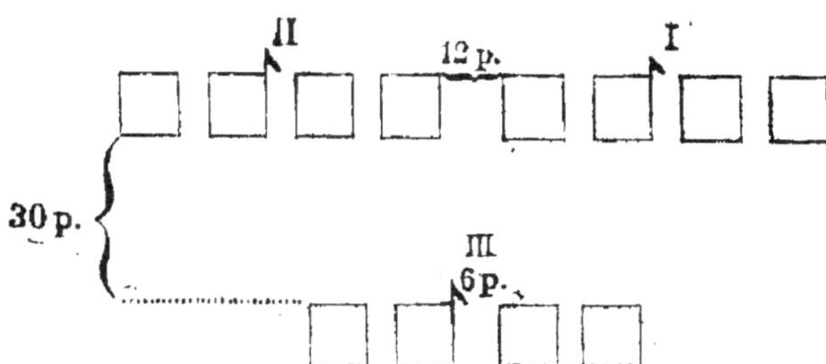

22. Quand on ne dispose que d'un espace très-restreint, la distance des lignes peut encore être diminuée; mais si, dans cette formation, on exécute des mouvements, il faut nécessairement prendre les intervalles indiqués ci-dessus.

Nota. Les figures I, II, III représentent les différentes espèces de formation de combat; la figure IV, la formation normale d'un régiment.

§ 5.

Place des commandants.

23. Quand plusieurs bataillons seront sous un seul commandement, les chefs de bataillon se placeront de manière à pouvoir surveiller leur troupe, à en être entendus, et de façon à se trouver, en outre, à la portée de la voix du colonel, et à en saisir les ordres le plus promptement possible.

En conséquence, si le régiment est disposé sur plusieurs lignes, les chefs de bataillon de la 1re ligne se tiendront *derrière* le front, ceux de la 2e *devant le front* de leur bataillon; les uns et les autres se rapprochant autant que possible du colonel. Celui-ci, de son côté, se place habituellement au *centre du régiment.*

24. En somme, cette mesure est applicable de même aux corps de troupes supérieurs au régiment; il nous reste encore à faire observer ici que, si, pour des raisons quelconques, un commandant supérieur quitte sa place habituelle, il devra faire connaître celle qu'il aura choisie, afin que les avis, les rapports, etc., continuent à lui parvenir sans perte de temps.

Cette précaution devra être prise tout particulièrement sur les terrains boisés, où les troupes ne sont pas toujours, comme cela est généralement à désirer, en position de voir et d'entendre leur commandant, ce qui est en tout temps d'un intérêt majeur pour les diriger.

§ 6.

Commandements.

25. Quand les circonstances le permettent, le colonel dirige ses bataillons: 1° par la voix; 2° si celle-ci ne suffit pas, *en faisant transmettre ses ordres* à chacun des chefs de bataillon; ou enfin 3° *au moyen de sonneries.*

Dans les deux premiers cas, le colonel se sert des *commandements* ou *avis,* dont il a déjà été question. (Voy. *Introduction,* p. 2.)

Les avis, conçus brièvement, devront exprimer clairement et sans ambiguïté les intentions du colonel.

26. Naturellement ce mode de commandement n'est praticable que pendant l'opération du mouvement qui précède l'exécution *d'un plan de combat en règle,* et qui peut nécessiter plusieurs mouvements successifs; les chefs de bataillon devront aussi être initiés à l'idée du colonel, afin qu'elle puisse leur servir de règle de conduite.

27. I. Quand le colonel commande lui-même (de sa propre voix) ses bataillons, il attirera sur lui l'attention des chefs de bataillon par l'avertissement: *Garde à vous!* avant de commander le mouvement proprement dit.

Pour ne pas retarder l'exécution du mouvement, l'avertissement: *Garde à vous!* n'est répété par les chefs de bataillon que dans le cas où leur troupe se trouve au repos.

Mais ils se portent immédiatement (s'ils ne s'y trouvaient déjà) aux points où ils soient le plus à portée de la voix du colonel et d'où, en même temps, ils puissent le mieux se faire entendre de leurs bataillons.

28. Quand le colonel s'est assuré que l'attention générale est éveillée, il commande le mouvement qu'il veut faire exécuter.

A ce commandement, chaque chef de bataillon avertit sa troupe des mouvements qu'elle a à faire conformément aux prescriptions du Règlement sur les exercices, et prend, en général, toutes les mesures nécessaires pour amener son bataillon dans sa nouvelle position, au moyen de la formation la plus simple, par la ligne la plus courte et en se réglant sur les autres bataillons du régiment.

29. Si le terrain lui offre le moyen de faire marcher sa troupe *à couvert et à l'abri du feu ennemi, il ne devra jamais négliger de profiter de cet avantage; et c'est un point auquel on attachera la plus haute importance déjà dans les manœuvres en temps de paix, afin de faire prendre aux chefs de bataillon l'habitude de conduire leurs troupes en les exposant le moins possible au feu de l'ennemi.*

30. S'agit-il du cas plus rare où il est nécessaire qu'un mouvement soit commencé *simultanément* par tout le régiment, par exemple, d'une marche simultanée en avant ou en arrière, d'une marche en colonne de tous les bataillons, etc., les chefs de bataillon n'ordonneront que les mouvements préparatoires, tels que les conver-

sions, etc., et attendront le commandement du colonel :
Régiment, marche!

Au commandement de : *Régiment, halte!* les bataillons devront autant que possible s'arrêter tous en même
temps.

31. II. *Si un adjudant est chargé de transmettre un
ordre du colonel,* on se conformera pour l'exécution à
ce qui a été dit plus haut.

Les avis se donnent *verbalement ou par écrit;* ils se
donnent par écrit quand il ne s'agit pas d'un simple
mouvement, mais de dispositions détaillées concernant
la conduite à tenir par un bataillon, etc.

32. Celui qui connaît les nombreux malentendus auxquels peuvent donner lieu des ordres *transmis verbalement,* reconnaîtra la nécessité de prêter à cet objet
une attention méritée; faisons donc, *une fois pour
toutes,* les observations suivantes relatives à la transmission verbale des ordres et des rapports :

*« Avant de s'éloigner pour transmettre un ordre,
chaque officier ou sous-officier le répétera mot pour mot
au supérieur qui l'en aura chargé. Aussitôt qu'il aura
rempli son mandat, il s'en retournera sans retard et le
plus promptement possible, et, pour qu'on soit assuré
que l'ordre a été transmis fidèlement, il le répétera encore une fois (dans les grands corps de troupes, au général ou à son chef d'état-major); puis il rendra compte
de la réponse qui peut lui avoir été faite, ou des renseignements qu'on peut lui avoir confiés. Par contre, il
est du devoir de tout commandant subalterne, quand*

1.

des ordres ne lui auront pas été communiqués avec toute la clarté désirable ou ne lui seront pas parvenus, de les faire renouveler ou de les faire prendre sans retard. »

Les ordres d'une importance particulière, notamment quand ils devront passer par une contrée peu sûre par suite du voisinage de l'ennemi, seront expédiés *deux fois et par des chemins différents.* Les officiers qui en seront chargés devront alors, si les ordres sont donnés par écrit, en prendre connaissance avant leur départ, afin que, dans le cas où ils courraient le risque d'être faits prisonniers, ils soient en mesure d'anéantir auparavant la dépêche et de faire cependant leur possible pour arriver encore à destination.

33. III. *La troisième manière de diriger une troupe s'obtient au moyen des sonneries.* Celles-ci sont détaillées au Règlement d'instruction. Chaque sonnerie provenant du colonel devra être précédée du signal : *Garde à vous !*

34. Comme il a paru désirable que le colonel pût avertir par des sonneries chaque bataillon séparément, il a été convenu qu'*un seul coup de langue* s'adresse au 1er bataillon, *deux coups* au 2e bataillon, *trois coups* au 3e, etc.

Les clairons-majors de chaque bataillon, pour faire comprendre qu'ils ont entendu la sonnerie de leur bataillon ou du régiment, répètent la même sonnerie. En dehors de ce cas, ils ne répètent celles qui émanent du colonel que lorsqu'elles servent à diriger ou à faire cesser la mousqueterie, ou lorsqu'elles sont relatives aux subdivisions déployées en tirailleurs.

35. Le colonel fait faire les sonneries qu'il ordonne, par le clairon-major du bataillon le plus voisin. Celui-ci néanmoins ne s'éloigne pas sans nécessité de son bataillon pour suivre le colonel, d'autant plus que ce dernier n'aura recours en général que *momentanément* à ce mode de commandement.

36. *Observation.* 1° Les commandements contenus aux paragraphes suivants, et prescrits pour la préparation des différents mouvements, s'appliquent en principe aux mouvements de la 1re ligne, parce que la 2e ligne (si le régiment est formé sur deux lignes) suspend, dans la plupart des cas, sa formation relative, et règle conséquemment ses mouvements sur ceux de la 1re ligne.

Mais si un ordre ne s'adresse qu'à l'une des lignes et ne doit être exécuté que par celle-ci, le commandement devra toujours être précédé de l'avertissement: *Première ligne!* ou *Deuxième ligne!*

37. 2° Le colonel désigne toujours les bataillons de son régiment par leurs numéros d'ordre.

Quand un chef de brigade ou de division a l'intention de charger un bataillon d'une mission spéciale, il se sert de dénominations *générales*, parce que, du point où il est établi, il lui est impossible de reconnaître chaque bataillon. Il dira donc, par exemple: « Bataillon de l'aile droite ou bataillon du centre de la 1re ligne, *n*e régiment.»

Ces cas, d'ailleurs, sont du nombre de ceux qui ne se présentent que rarement, parce qu'*un général négligerait forcément des devoirs plus importants, s'il s'occu-*

*pait de bataillons isolés, qui doivent toujours rester sous
la direction de leur colonel.*

§ 7.

Méthodes de formation et d'exécution des mouvements.

38. Ces méthodes consistent à :

I. Aligner,

II. Faire demi-tour et revenir face en tête,

III. Marcher en arrière,

IV. Changer de front et changer les ailes,

V. Ouvrir et serrer les intervalles,

VI. Augmenter et diminuer les subdivisions.

Pour tous ces cas on se conformera aux prescriptions du § 5 du Règlement sur les exercices, avec cette différence *qu'au lieu* de l'avertissement : *Bataillon !* les commandements seront précédés de celui de : *Régiment !*

39. *Pour les alignements il convient d'ajouter* que, dans la formation de combat aussi bien que dans la formation normale, *les guides généraux de chaque bataillon* (et *les drapeaux* dans l'infanterie) se porteront seuls sur la ligne, comme le prescrit le n° 34 du Règlement sur les exercices pour l'alignement de grands corps de troupes.

Les troupes ne se placeront sur la nouvelle ligne que lorsque le colonel aura rectifié la position des guides, après quoi, il commandera au chef de bataillon de l'aile vers laquelle se prend la direction : *Alignement !* Chaque bataillon s'alignera alors séparément, comme il est prescrit au Règlement sur les exercices.

Il n'est pas indispensable de déterminer expressément l'alignement des bataillons de la 2ᵉ ligne.

S'il n'est pas donné d'ordre formel en ce sens, ces bataillons se borneront à rectifier leur alignement et la distance qui doit les séparer de la 1ʳᵉ ligne.

Détermination des directions.

(Voir le Règlement sur les exercices, VII, § 5.)

40. Ce que le Règlement sur les exercices dit à ce sujet, relativement aux différentes compagnies pour les manœuvres du bataillon, s'applique, dans les manœuvres du régiment, d'une manière analogue, aux différents bataillons. Ainsi, au lieu de compagnies, on désignera des *bataillons* de direction.

§ 8.

Passage de la formation normale à la formation de combat et réciproquement.

41. Les deux mouvements peuvent s'exécuter, soit sur l'emplacement même occupé par le corps, soit en avant de cet emplacement; mais ils s'opéreront toujours sur l'un des bataillons, qui formera le point d'appui du mouvement, et que le commandement devra expressément désigner, parce que c'est sur lui que se prendront les distances, etc. Il peut, d'ailleurs, arriver aussi que ce point d'appui soit donné par le terrain ou par un autre corps de troupes. Dans ce cas, il est évident que le régiment devra être averti de cette circonstance.

42. Pour passer de la formation normale à la formation de combat, on commande :

Garde à vous !

Formation de combat (en avant) sur tel bataillon ! (et ce qu'il convient d'ajouter encore pour la formation des bataillons, etc.).

43. Pour passer de la formation de combat à la formation normale, on commande :

Garde à vous !

Formation normale (en avant) sur tel bataillon !

Les chefs de bataillon exécuteront leurs changements de formation respectifs, soit immédiatement, soit pendant la marche, selon que l'occasion leur en paraîtra plus favorable. Mais dans la formation en avant, il faut absolument que le bataillon désigné dans le commandement se mette aussitôt en marche.

DEUXIÈME SECTION.

MOUVEMENTS.

§ 9.

Marche en avant, en arrière et marche oblique, le régiment étant formé en ordre de combat.

44. La *marche en avant* dans la formation de combat est un mouvement offensif qui s'opérera toujours avec les précautions nécessaires pour se mettre à l'abri de toute surprise pendant son exécution. Il faut donc que des compagnies déployées en tirailleurs couvrent le front du régiment, à moins que l'on n'ait détaché dans ce but une avant-garde spéciale. Plus sera considérable l'étendue de terrain explorée, *et mieux cela vaudra;* cette observation s'applique aussi généralement à toutes les subdivisions envoyées en éclaireurs. (Sur les terrains coupés on couvrira non-seulement le front, mais aussi les flancs et les ailes par de plus fortes patrouilles.)

45. La 1re ligne ne s'avancera en ligne déployée que lorsqu'elle aura à parcourir une distance peu considérable ou lorsqu'il s'agira de gagner du terrain tout *en exécutant des feux.*

Dans tous les autres cas, ce mouvement ne servira qu'à exercer les troupes à la marche en bataille. Mais quand la distance à parcourir aura une certaine étendue, il sera indispensable de former la ligne en colonne ou en colonnes par bataillon, selon que l'on voudra se déployer plus ou moins rapidement et selon les exigences du terrain.

46. Dans ces marches en avant, la 1re ligne sera exercée à se déployer rapidement pour faire feu et à fournir des décharges exécutées au moins par ses têtes de colonne, afin qu'en se rencontrant avec l'adversaire, elle soit à même de le repousser par une vive fusillade.

Naturellement les subdivisions déployées en tirailleurs en avant du front de bataille se retireront alors, à la sonnerie voulue, avec la plus grande rapidité sur les ailes de la ligne ou dans les intervalles laissés libres entre les bataillons.

47. Ce qui se rapporte, en outre, à la marche en

avant est contenu dans le paragraphe *Attaque* de cette Instruction; faisons seulement observer encore ici que :

1° Avant de commencer le mouvement, il est de rigueur de bien faire connaître à tous *le bataillon de direction*;

2° Dans le cas où l'on engagera le feu, il devra être commencé par ce bataillon. Le colonel se tiendra donc sans exception à proximité immédiate de ce bataillon, et c'est par ses clairons qu'il fera donner le signal de *Halte!* et de: *Feu!* etc.

Après le bataillon de direction, les autres bataillons de la 1ʳᵉ ligne feront feu par bataillon, en tout ou en partie selon les circonstances.

48. Cependant ces feux ne doivent nullement arrêter le mouvement projeté. Si l'ennemi est repoussé par la fusillade, les éclaireurs se déploieront de nouveau, et la marche continuera jusqu'à ce que, par des manœuvres judicieusement combinées, elle fournisse l'occasion de tenter un résultat décisif.

49. Un régiment formé en ordre de combat doit également, *en marchant en retraite*, être couvert par des subdivisions déployées en tirailleurs.

Ces tirailleurs s'abriteront derrière tous les accidents de terrain et soutiendront contre l'ennemi lancé à leur poursuite un combat de mousqueterie animé et opiniâtre jusqu'à ce qu'ils rejoignent le gros de la troupe. On placera sur les ailes de la ligne de tirailleurs de forts détachements ayant pour mission d'occuper l'ennemi en le harcelant sur les flancs.

Sur un terrain *découvert* les tirailleurs laisseront gagner au gros de la troupe une avance qui sera égale, au moins, au double de la distance des lignes entre elles.

50. Quand on est obligé de battre en retraite, le colonel prend d'abord ses dispositions pour couvrir son front, puis il commande:

Garde à vous!

Marche en retraite! Tel bataillon de la 2ᵉ ligne, bataillon de direction!

Aussitôt la 1ʳᵉ ligne (si elle est déployée) se forme en ligne de colonnes; pour le reste, les bataillons font les préparatifs nécessaires pour être à même de commencer le mouvement rétrograde au commandement de: *Régiment, marche!* ou à la sonnerie d'*Exécution!*

Si la marche en retraite est arrêtée par le commandement de: *Régiment, halte!* ou par la sonnerie de: *Garde à vous! Halte!* chaque bataillon fera immédiatement face en tête.

51. Si les tirailleurs chargés de couvrir le front n'ont pu réussir à tenir l'ennemi à distance, on tâchera d'arriver à ce résultat au moyen des feux, à moins qu'il n'ait été possible de s'établir dans une position favorable, but auquel on tendra avant tout. Dans le cas où il faudra engager avec l'adversaire un combat de mousqueterie, on se conformera aux indications données pour la marche en avant; il suffit de faire observer qu'après avoir rétabli la ligne de front, la direction passe immédiatement (d'après le n° 40) à un bataillon de la 1ʳᵉ ligne.

52. *Dans les marches en retraite opérées sur une*

plus grande étendue et en vue de l'ennemi, il sera nécessaire de relever les lignes, de varier réciproquement les positions et les feux; ces retraites ont donc leur place au chapitre des Relèvements des lignes.

53. Dans la formation de combat, les *marches obliques* ne sont possibles qu'à de courtes distances, par exemple, pour rectifier l'ordre de formation. Dans tous les autres cas elles appartiennent à la catégorie des *marches de flanc*, et comme ces dernières, au chapitre des Formations en colonne; car, à la longue, il est indispensable de tenir les bataillons plus étroitement liés entre eux et de placer alors un fort détachement sur le flanc menacé.

Ces *marches obliques* méritent ici l'attention des commandants supérieurs au moins en tant qu'elles donnent aisément le change à l'ennemi et qu'elles présentent le plus sûr moyen de se porter sur les flancs de l'adversaire, grâce à l'abri offert par les accidents de terrain et grâce à l'appui d'un fort détachement agissant vigoureusement sur le flanc; tandis qu'une marche de front dans des conditions défavorables est beaucoup plus hasardeuse.

54. Après avoir fait parvenir les renseignements nécessaires aux tirailleurs déployés devant le front, si le colonel veut faire exécuter de la manière déjà indiquée une marche oblique à petite distance, il commande:

Garde à vous!

Pour marcher à droite (gauche)! Puis quand les bataillons sont prêts à marcher:

Régiment, marche!

Ou bien il fait faire les sonneries :

Garde à vous! à droite (gauche)! puis le signal de l'*exécution*.

Dans tous les cas, c'est le bataillon de l'aile vers laquelle on marche qui donne la direction.

55. Le front est rétabli immédiatement et pendant la marche aux commandements de :

Garde à vous!

Régiment à droite (gauche)! Front! ou à la sonnerie :

Garde à vous! en avant! et la direction repasse, d'après les dispositions indiquées, à l'un des bataillons du centre.

§ 10.

Mouvements en échelons.

56. Les méthodes adoptées pour la formation d'un bataillon en échelons (Règlement sur les exercices, n° 60), sont les mêmes pour les grands corps de troupes, avec cette différence que les divers échelons d'un grand corps de troupes sont parfois chargés de l'attaque de points différents, et que le changement de front qu'un mouvement par échelons peut avoir à préparer, s'opérera d'autant plus partiellement que le corps formé en échelons sera plus considérable.

57. En outre, comme les manœuvres par échelons font gagner du terrain à la fois en avant et sur l'un des côtés, il n'est guère possible de les exécuter avec calme et sécurité qu'en se ménageant en avant et sur le flanc l'appui de forts détachements.

Si, enfin, un grand corps de troupes doit passer de la formation en échelons à un changement de front, il faut que le pivot s'établisse solidement et qu'il soutienne la conversion et l'entrée des autres échelons dans la nouvelle ligne, en se maintenant, autant que possible, dans des positions favorables, et en dirigeant sur l'ennemi un feu vif de mousqueterie.

58. D'après ces principes généraux, applicables à tous les corps de troupes supérieurs au bataillon, il est facile de comprendre qu'en divisant un corps d'armée considérable en un trop grand nombre d'échelons, on lui donnerait une profondeur démesurée. Eu égard, surtout, à ce qui a déjà été dit, à savoir que chacun des échelons aura souvent à attaquer un point spécial de la ligne ennemie, il suffira généralement qu'un régiment, s'il agit isolément, forme des échelons par *bataillon*; une division, tout au plus, des *échelons par régiment.*

59. En général, on admet pour les grands corps de troupes trois espèces d'échelons:

1° Échelons *l'aile droite ou l'aile gauche en avant,* ou

2° *En arrière.* La première formation a pour but d'opérer un changement de front successif; la seconde, de cesser successivement un combat, pour le reprendre plus tard si l'occasion en est favorable.

3° Échelons *les deux ailes en avant,* quand on a l'intention de faire une attaque tendant à envelopper les ailes de la position ennemie, mais en refusant le centre, tout en le faisant suivre et en le tenant prêt à soutenir puissamment par son feu la marche des ailes.

Toute manœuvre dont les tendances dépasseraient ces limites, est une manœuvre de parade et ne peut se recommander à un usage sérieux.

I. Échelons l'aile droite (ou gauche) en avant.

60. Le colonel, après avoir disposé, selon le but qu'il veut atteindre, des détachements nécessaires en avant et sur le flanc, fait former les échelons l'aile droite (ou gauche) en avant, aux commandements de :

Garde à vous! Échelons par bataillon. A droite (gauche) en avant!

Le bataillon de l'aile droite (ou gauche) commence aussitôt le mouvement au commandement de son chef de bataillon.

Le bataillon suivant de la 1ʳᵉ ligne suit, à moins d'ordre contraire, le précédent à deux tiers de longueur de bataillon plus l'intervalle de bataillon; à ce bataillon succède le suivant, etc.

Si les bataillons de la 2ᵉ ligne n'ont pas reçu d'autre destination, ils suivent à distance de lignes les bataillons de la 1ʳᵉ ligne placés devant eux.

61. *Pour passer de la formation en échelons à une ligne qui leur soit parallèle,* on se conforme au § 63 du Règlement sur les exercices.

Le passage *à une ligne oblique aux échelons et sur leur flanc* s'effectue également d'une manière analogue aux commandements énoncés au § 65 du Règlement sur les exercices; toutefois il faut remarquer que le bataillon-pivot, après avoir fait sa conversion, doit ou s'arrêter immédiatement, ou recevoir l'ordre de s'avancer pour prendre une position convenable. De même quand il s'agira d'avancer dans la nouvelle direction résultant de la conversion, il sera nécessaire de donner au bataillon-pivot l'ordre de s'arrêter.

Il n'est pas moins indispensable qu'après un mouvement aussi étendu que l'est celui d'un changement de direction d'un grand corps de troupes, les autres bataillons, après avoir conversé, se guident sur le bataillon-pivot, c'est-à-dire, s'arrêtent comme celui-ci ou s'engagent dans la nouvelle direction.

62. Si l'on ne doit pas prendre la nouvelle direction, mais continuer de marcher en avant pour prendre l'offensive, le colonel, à moins qu'il n'ait l'intention de commencer le feu ou de passer à une attaque directe, commande:

Garde à vous! Pour marcher! Régiment, marche! ou bien il fait faire les sonneries:

Garde à vous! — En avant!

Sur quoi, l'un des bataillons du centre prend la direction d'après les indications données, et la marche en avant continue.

63. Il est essentiel de surveiller soigneusement les détachements répartis en avant et sur les flancs.

Ces détachements doivent être informés du but du mouvement et se tenir prêts à dégarnir rapidement le

front dès que le clairon leur en donnera le signal, afin de
ne pas gêner le feu des subdivisions du gros du corps.

Fig. V.

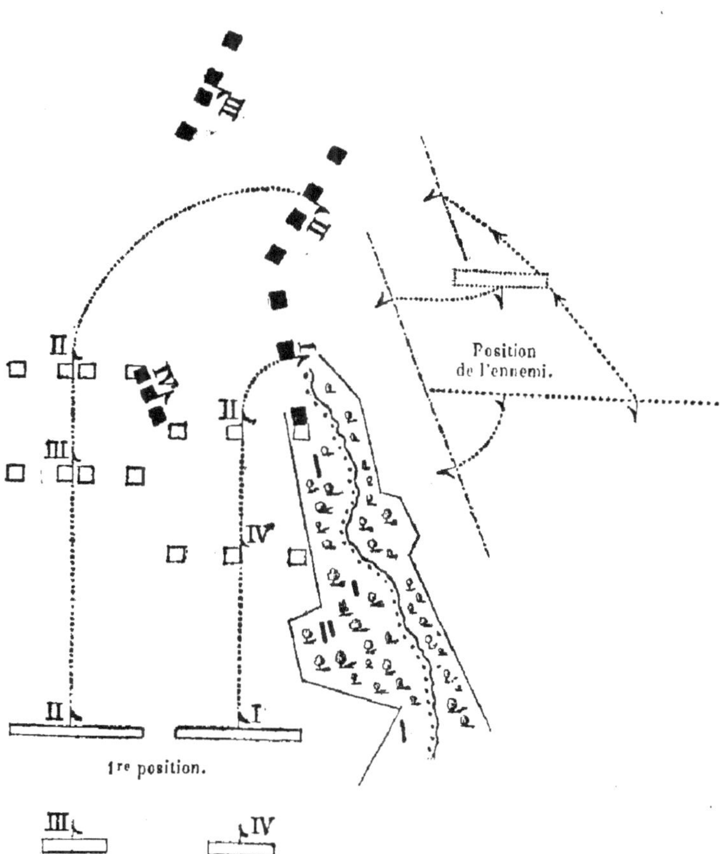

La figure V représente un mouvement par échelons
en avant, avec passage à une ligne oblique.

II. Échelons l'aile droite (ou gauche) en arrière.

64. Si le commandant du régiment juge nécessaire de cesser successivement le combat ou d'abandonner une position, tout en conservant une formation telle qu'en refusant l'aile il puisse éventuellement reprendre la première direction sur un bataillon quelconque ou qu'il puisse prendre par le flanc l'adversaire qui le poursuit, en passant subitement à une ligne oblique à la formation en échelons, il commande:

Garde à vous!

Échelons par bataillon — à droite (gauche) en arrière.

Au commandement de son chef de bataillon, le bataillon désigné de la 2e ligne commence aussitôt la marche en retraite. Les bataillons de la 1re ligne, au contraire, se conforment à ce qui est prescrit pour les compagnies au n° 62 du Règlement sur les exercices, et passent, s'ils sont déployés, à la formation en ligne de colonnes, en couvrant la retraite par des subdivisions déployées en tirailleurs.

Pour passer à la ligne de bataille dans quelque direction que ce soit, on suivra les mêmes prescriptions que pour les échelons en avant, lorsqu'au commandement *Halte!* du colonel, le front aura été rétabli.

III. Échelons les deux ailes en avant.

65. L'emploi de cette manœuvre a déjà été expliqué plus haut, § 59.

Il est, en outre, inutile d'en indiquer les commandements.

Cependant si l'on tient compte des différentes circonstances qui peuvent exercer une certaine influence sur ce mouvement, comme, entre autres, le cas où l'adversaire, devinant nos intentions, s'efforcerait de les faire échouer en envoyant une partie de sa réserve sur les flancs et sur le derrière des troupes qui tenteraient de l'envelopper, les dispositions que l'on prendra alors suivant les lieux et suivant la situation, devront prévoir bien des éventualités et suppléer à tout.

Les subdivisions marchant en avant des deux ailes sont dans une situation, pour ainsi dire, indépendante; elles devront, par conséquent, prendre les mesures nécessaires pour pourvoir à leur propre sûreté. De même, et ce sera le cas le plus fréquent, l'attaque de l'une des ailes les plus avancées aura plutôt pour objet de faire une démonstration, tandis que l'autre aile, renforcée par la réserve, poursuivra son but avec d'autant plus d'énergie.

66. La figure VI (page 32) représente une pareille attaque faite par les deux ailes. La nature des circonstances permet l'emploi des échelons par compagnie, parce que les bataillons agissent isolément.

Le centre, tenu en réserve, est en position de recevoir l'aile droite dans le cas où elle serait refoulée, tandis que l'aile gauche a été considérablement renforcée. Néanmoins le centre peut, lui aussi, être appelé à entrer en action , si, par exemple, il doit secourir l'aile gauche repoussée et poursuivie par l'ennemi, etc.

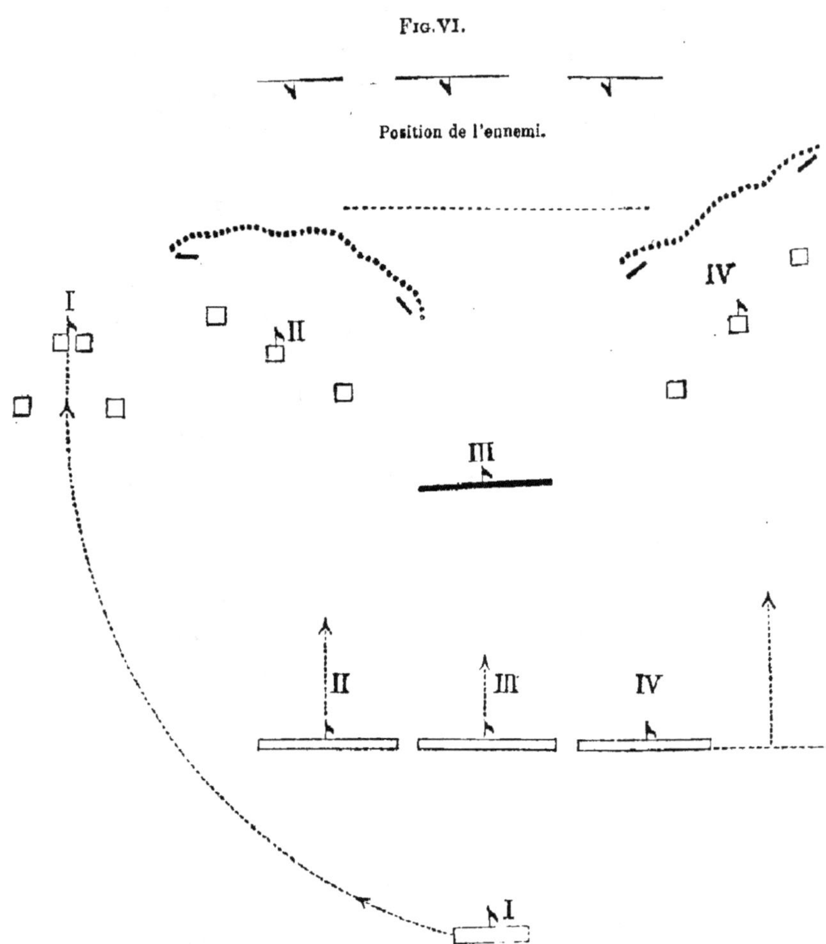

Fig. VI.

67. *Observation.* Les manœuvres en échelons sont sujettes à tant d'éventualités qu'il n'est guère possible d'énumérer toutes celles qui peuvent se produire. Il importe, avant tout, que chaque commandant *sache bien saisir le moment et les circonstances où il devra employer ces manœuvres*; il n'est pas moins important qu'il puisse bien choisir l'instant où, passant à la ligne oblique, il devra déborder l'ennemi et le prendre en flanc.

68. Sur les terrains à demi couverts, la manière de diriger et de conduire des échelons échappe facilement au commandant, même en ne tenant compte ni des difficultés que les divers échelons ont à vaincre sur leur route et qui ne leur permettent pas toujours d'observer convenablement les distances, ni des mesures prises par l'ennemi qui les forcent souvent à s'écarter de la direction primitive.

L'observation rigoureuse des intervalles pendant les manœuvres en temps de paix, serait aussi irrationnelle que contraire au but de la manœuvre, et ne devra être tolérée sous aucun prétexte.

La même remarque s'applique au passage à la ligne oblique, manœuvre, sans contredit, très-difficile.

69. On ne saurait donc, dans le cas dont il s'agit, assez insister, d'une part, sur la nécessité d'initier aux intentions du colonel les commandants des divers échelons; de l'autre, sur l'obligation que devront avoir ces commandants de faire leur possible pour ne pas rompre les communications et la direction générale. Un moyen efficace pour assurer l'exécution des mouvements par échelons consiste à couvrir le front et le flanc de fortes lignes de tirailleurs déployant une activité toute. particulière et aussi agressive que possible, afin d'occuper et de tromper l'adversaire.

§ 11.

Changements de front.

70. Le mouvement en avant de l'une des ailes pendant le combat et le changement de front que comporte ce mouvement s'opèrent successivement, comme la formation en échelons avec passage éventuel à la ligne oblique dont il a été question au paragraphe précédent.

Comme on l'a déjà remarqué à cette occasion, le pivot devra aussi, dans ce cas, faire tous ses efforts pour aider la marche en avant des autres bataillons, tandis que l'aile tournante s'efforcera de manœuvrer sur le flanc de l'adversaire.

Dans tous les autres cas le changement de front peut aussi être considéré comme un mouvement n'ayant pas un rapport immédiat avec le combat.

71. Au commandement du colonel :

Garde à vous ! — Changement de front demi à droite (demi à gauche) ou à droite (à gauche)!
les bataillons de la 1re ligne se formeront en colonne (si cette formation n'a pas déjà été adoptée), à l'exception du bataillon-pivot, qui se conformera au § 66 du Règlement sur les exercices. Ce bataillon devra être placé par le colonel sur la nouvelle direction avant que les autres bataillons commencent le mouvement. Le bataillon ser

vant de pivot ayant été établi, chaque chef de bataillon conduit sa troupe sur la nouvelle ligne par le moyen le plus simple et par le chemin le plus court.

72. Si le mouvement s'exécute pendant le combat, il sera nécessaire de porter une attention particulière à ce que les réserves ou une partie de la 2e ligne soient placées au point que les circonstances du combat désignent comme le plus important.

§ 12.

Mouvements dans la formation normale.

73. Dans la formation normale les mouvements d'un régiment, ainsi que ceux de bataillons isolés placés en 2e ligne ou tenus en réserve, ne peuvent, — parce que le plus souvent ils s'opèrent en dehors du véritable champ de bataille, — avoir d'autre but qu'un changement de formation momentané et doivent, en conséquence, se borner aux manœuvres les plus simples et les plus indispensables.

74. Pour la marche en avant, par le flanc et en retraite, on se servira des commandements indiqués aux paragraphes de cette Instruction qui traitent de ces différentes marches, tandis que les prescriptions des nos 67 et 68 du Règlement sur les exercices trouveront une application analogue quand il s'agira de rétablir dans sa ligne primitive la troupe formée en masse sur un flanc ou en une ligne oblique.

Enfin, pour le passage de la formation normale à la colonne ou à une formation de marche, on se conformera aux indications du paragraphe suivant.

§ 13.

Formation, mouvement et déploiement des colonnes.

75. S'il est nécessaire de parcourir, *en dehors du champ de bataille*, de grandes distances sur des routes étroites et souvent insuffisantes, il est indispensable de se former en colonne.

Les prescriptions contenues, à ce sujet, dans le Règlement sur les exercices pour un seul bataillon, s'appliquent aussi, d'une manière analogue, au régiment : *dans la colonne de régiment* les bataillons seront considérés comme se trouvant dans la même situation que les compagnies dans la colonne de bataillon.

76. Le principe d'après lequel le régiment doit toujours former une unité tactique sous les ordres de son colonel, s'applique d'autant plus à la colonne que, dans celle-ci, il s'agit plus que jamais de maintenir rigoureusement le silence et l'ordre dans les rangs, ainsi que d'assurer les conditions essentielles pour qu'un corps soit prêt à se déployer avec rapidité et à prendre part promptement au combat.

Chaque régiment devra donc, même quand il agira comme faisant partie d'un grand corps de troupes, former *une seule colonne de régiment*, toutes les fois qu'il passera à la formation en colonne.

1° Formation de la colonne de régiment.

77. Il y a deux manières de former les colonnes de régiment :

1° Colonne de régiment par file et en doublant les files ;

2° Colonne de régiment en masse (avec colonnes de bataillon en masse), se formant d'après les indications des n°s 19-21 du Règlement sur les exercices, avec cette différence qu'entre les bataillons du même régiment il faudra conserver l'intervalle de bataillon.

78. La première de ces sortes de colonnes s'emploie, en général, pour les marches, la seconde pour les manœuvres. Le colonel est libre, dans des cas particuliers, de faire former encore d'autres colonnes, analogues à celles des §§ 3, 5 et 10 du Règlement sur les exercices. Dans ces colonnes, les bataillons conservent entre eux un intervalle de 12 pas.

79. Si les bataillons d'un même régiment sont placés sur plus d'une ligne, ils prennent place dans la colonne, *par ligne,* du côté où se trouve la tête de la colonne et d'après la direction à suivre.

Si le colonel a l'intention de placer les bataillons dans un ordre différent de celui qu'ils occupent dans la formation adoptée, il devra l'indiquer dans son commandement.

80. Enfin, quelle que soit la formation en colonne que l'on voudra adopter, les différents bataillons prendront successivement leur place sans que la colonne soit arrêtée dans sa marche, ou bien la colonne ne se mettra en mouvement qu'au commandement du colonel : *Garde à vous! Marcher! Régiment — marche!* (ou à la sonnerie correspondant à ce commandement), dès que les bataillons auront opéré les changements de formation nécessaires et auront pris leurs positions respectives.

2° *Mouvements de la colonne de régiment.*

81. Ce que le Règlement sur les exercices observe, à ce sujet, pour un seul bataillon, s'applique aussi à la colonne de régiment; ce qui s'y dit des différentes compagnies s'adresse, dans la formation en colonne, aux bataillons du régiment.

La cadence de la marche est réglée d'après la profondeur de la colonne.

Dans les conversions de toute une colonne, les adjudants de bataillon iront se porter successivement en jalonneurs au point où leur bataillon doit converser. Chaque chef de bataillon marche à la tête de sa troupe. Les tambours de chaque bataillon battront à tour de rôle, conformément au n° 89 du Règlement sur les exercices.

3° *Déploiement de la colonne de régiment.*

82. La colonne de régiment peut ou passer *à la formation normale,* c'est-à-dire à une formation où elle puisse rester dans l'expectative, ou bien se déployer immédiatement *en formation de combat.*

Dans le premier cas il est évident que, la troupe manœuvrant en dehors du champ de bataille, le mouvement peut s'opérer en toute sûreté et sans être entravé par aucun incident troublant son exécution ; mais, quand il s'agit de passer à la formation de combat, il est du devoir du commandant du régiment d'assurer le déploiement de ses bataillons en envoyant en temps utile ou des avant-gardes ou des détachements de tirailleurs.

Plus le terrain sera difficile, et plus ce devoir deviendra impérieux pour le colonel, car rien n'ébranle le moral et la bonne volonté d'une troupe comme de rencontrer subitement des difficultés inattendues, avant que soit arrivé le moment où la nécessité de prendre part à l'action apparaisse clairement aux yeux de tous.

83. Les déploiements des colonnes de régiment s'opéreront, en général, d'une façon analogue aux indications du Règlement sur les exercices relatives au déploiement des colonnes de bataillon.

Cependant le colonel devra indiquer encore dans les ordres où il fera connaître ses intentions :

a) S'il faut passer à la position normale ou à celle de combat ;

b) Quelle formation les bataillons devront adopter ;

c) De quels bataillons se composera la 2e ligne ou la réserve (lorsqu'on marchera sur plus d'une ligne).

84. Il n'est pas nécessaire que les ordres contiennent des indications plus détaillées, telles, par exemple, que celle du bataillon formant le point d'appui (comme il arrive quand on passe de la formation normale à la formation de combat), parce que, sauf des cas très-rares, le déploiement d'une colonne s'opère toujours sur la tête. Supposons le cas où un régiment marche dans l'ordre suivant : 1er, 2e, 3e, 4e bataillons, et qu'ils doivent se déployer sur deux lignes à gauche en avant; le colonel fera les commandements :

Garde à vous! — Formation de combat à gauche en avant en colonne! — 3e et 4e bataillons en 2e ligne! Formation normale, ou :

Garde à vous! — Formation de combat à gauche en avant sur deux lignes! — 1re ligne en colonne! — 3e et 4e bataillons en réserve derrière le centre!

Il ne sera nullement nécessaire de donner tous ces ordres avec la voix. Sauf ce qui regarde la 1re ligne où les commandements peuvent être faits avec la voix, on pourra employer des aides de camp pour transmettre les ordres concernant la 2e ligne.

La figure VII (page 41) représente une formation de colonne de régiment.

La figure VIII (page 42) représente le déploiement d'une colonne de régiment.

Formation de combat à gauche en avant!

1re ligne (1er et 2e bataillons) en ligne déployée!

2e ligne (3e et 4e bataillons).

D'après une disposition spéciale, l'avant-garde composée des 5e et 9e compagnies est ralliée après l'exécution du mouvement.

FIG. VII.
Colonne serrée
en avant sur
par régiment
la 4e compagnie.
I
12 p.
III
12 p.
II
III
I
II

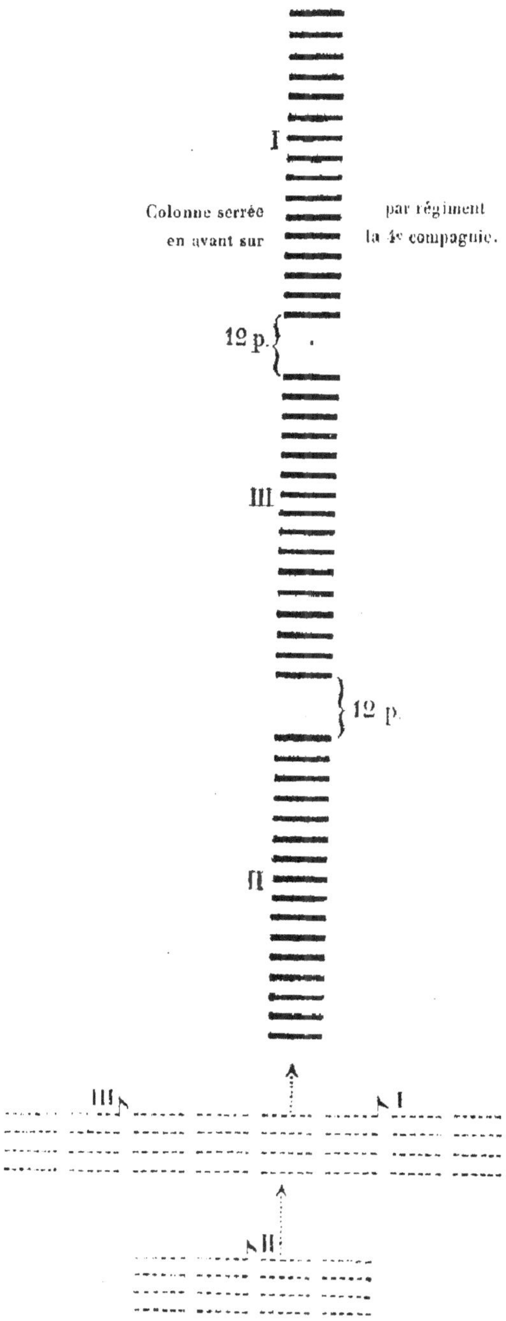

Fig. VIII.

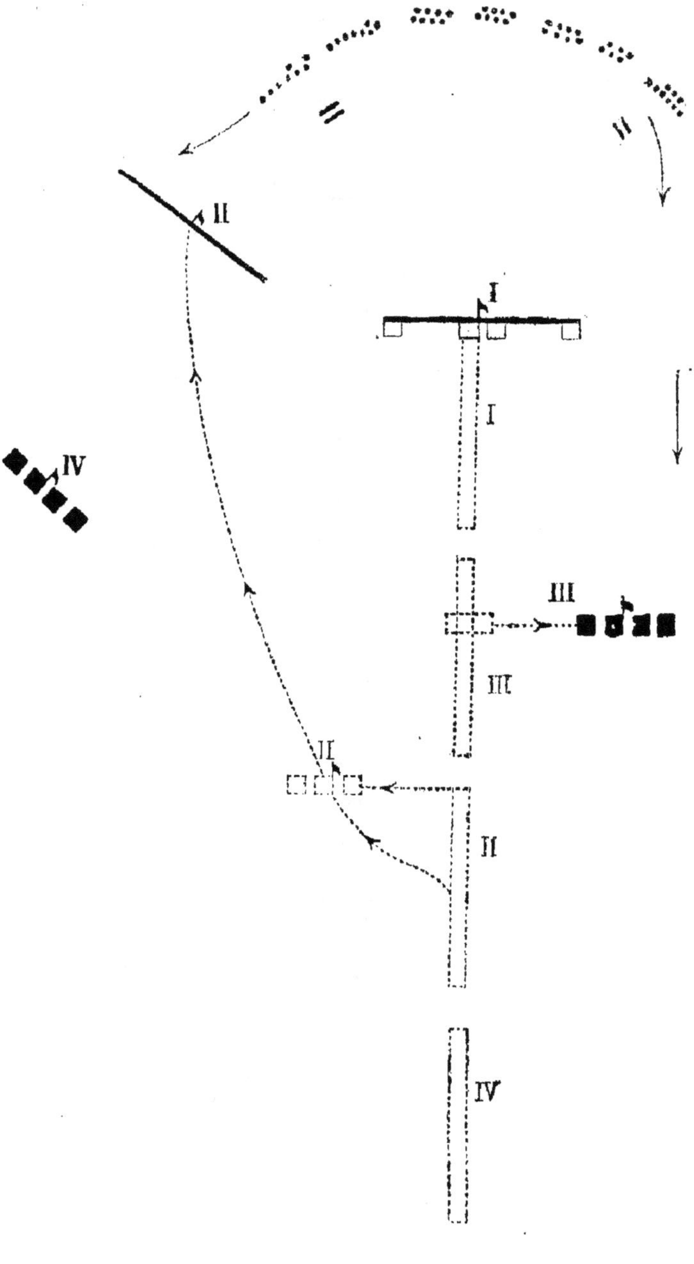

TROISIÈME SECTION.

FEUX, OFFENSIVE, DÉFENSIVE, RELÈVEMENTS, COMBAT DE TIRAILLEURS.

§ 14.

Feux.

85. Les différentes espèces de feux d'un grand corps de troupes, comme d'un régiment, peuvent se diviser comme il suit :

1° Feux de subdivisions serrées en masse:

    a) De pied ferme,

    b) En avançant,

    c) En marchant en retraite.

2° Feux pour repousser une charge de cavalerie.

3° Feux continus en combinant ceux des troupes serrées en masse avec ceux des tirailleurs.

86.   *1° Feux de subdivisions serrées en masse.*

a) De pied ferme,

b) En avançant,

c) En marchant en retraite.

Sur ces trois points, les éclaircissements les plus nécessaires ont déjà été donnés au § 9 de la présente Instruction (Marche en avant, en arrière et marche oblique). Il en résulte que, principalement sur les terrains couverts, le front de bataille doit toujours être protégé par un feu de tirailleurs vif et bien nourri, jusqu'au moment où le gros est obligé lui-même de commencer le feu.

Dans ce cas il est essentiel de se déployer le plus rapidement possible, à moins qu'on ne se borne à des décharges exécutées par les têtes de colonne, décharges qui suffiront le plus souvent, surtout si l'on se trouve sur un terrain coupé, sur lequel l'adversaire ne peut pas non plus donner à son front un développement considérable. Le paragraphe ci-dessus mentionné indique également de quelle manière le feu sera ensuite commencé par le bataillon de direction et comment il se réglera ultérieurement.

87. Les mesures à prendre pour utiliser convenablement le terrain et les circonstances, c'est-à-dire pour tirer le meilleur parti du feu des différents bataillons et des compagnies, sont des choses de détail concernant les chefs de bataillon. Mais s'il devait s'engager un combat de mousqueterie de longue durée, il serait du devoir du colonel de renouveler les munitions et de les faire prendre aux parcs mis à sa disposition, de faire remplacer en temps utile, par des troupes fraîches, celles qui auraient déjà consommé beaucoup de munitions, qui auraient éprouvé des pertes considérables, etc., enfin de faire relever les tirailleurs.

2° Feux exécutés pour repousser une charge de cavalerie.

88. Les mesures à prendre à l'approche de la cavalerie ennemie dépendront d'abord de l'importance et de l'étendue de l'attaque, puis de l'espèce de formation que l'on aura adoptée et du terrain sur lequel on se trouvera.

89. *Pour le premier point,* il ne faudra pas perdre de vue que bien souvent ce n'est que pour donner le change, pour retarder la marche progressive, etc., que l'adversaire fera avancer de petits détachements de cavalerie, et qu'il peut arriver que ceux-ci disparaissent aussi rapidement qu'ils se sont approchés. L'apparition de pareils détachements peut bien produire un moment d'hésitation; mais comme, en principe, les grands corps de troupes sont couverts par des tirailleurs, le feu de ceux-ci suffira souvent pour repousser les corps de cavalerie, ou bien, s'ils continuent néanmoins de s'approcher du gros, les décharges des têtes de colonne réussiront fréquemment à leur faire tourner bride.

90. Bien que l'arme actuelle de l'infanterie permette de repousser finalement avec perte toute charge de cavalerie, il convient néanmoins de prendre des mesures énergiques toutes les fois qu'on sera menacé *d'attaques de grands corps de cavalerie,* qui se font d'ailleurs reconnaître de loin par de gros nuages de poussière, par le tremblement du sol ébranlé sous les pieds des chevaux, etc.

Comme il a déjà été dit, la configuration du terrain et la formation au moment de l'attaque de la troupe donneront la mesure des dispositions à prendre.

91. Si plusieurs bataillons réunis ont à soutenir une charge d'un grand corps de cavalerie, le premier principe à observer est celui-ci :

Chaque chef de bataillon s'appliquera à rendre le feu de sa troupe aussi efficace que possible, tout en tenant compte des accidents du terrain et sans que, pour cela, il gêne le feu des bataillons placés en avant, en arrière ou à côté du sien. En outre, suivant le temps dont il pourra encore disposer après avoir pris les mesures les plus urgentes, il s'apprêtera à recevoir l'ennemi dans tel ordre qui lui paraîtra le plus avantageux et dans l'une des formations détaillées au § 16 du Règlement sur les exercices.

C'est ainsi qu'un régiment disposé sur plus d'une ligne pourra, pour se mettre en garde contre une attaque de cavalerie, adopter les formations les plus variées, notamment sur les terrains coupés ou à demi couverts. (Voy. Fig. IX.)

92. Par contre, sur les terrains ouverts et sans aucun obstacle, il est de règle qu'on se forme en carrés. Selon le temps dont on dispose, on passera, de la formation de combat adoptée, aux carrés de compagnie, de demi-bataillon ou de bataillon. Pour pouvoir faire feu de tous les côtés à la fois, l'échiquier est la disposition la plus avantageuse. A cet effet, les carrés de la 1re ligne se porteront en avant ou en arrière; ceux de la 2e ligne, au contraire, se dirigeront sur les flancs, de telle sorte que, comme il a déjà été observé, aucun des bataillons ne gêne l'autre dans l'exécution de ses feux, et que tous les intervalles soient autant que possible à la portée de la mousqueterie.

93. A moins que le terrain ne réclame d'autres dispo-

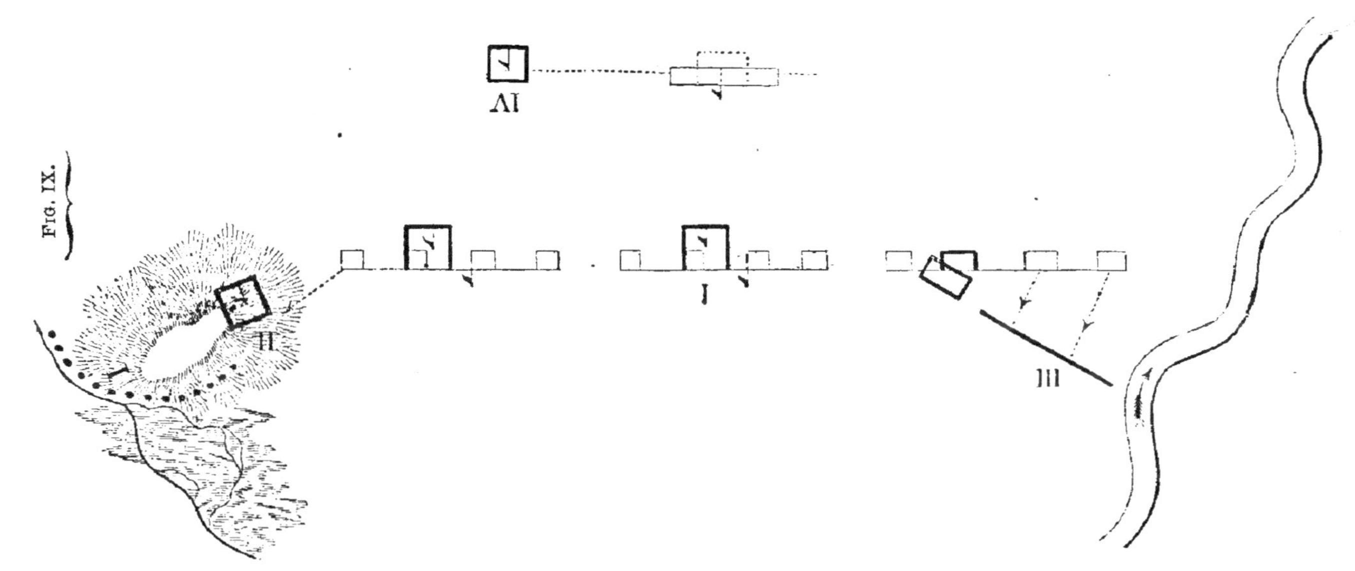

Fig. IX.
II
I
I
III
IV

sitions, les bataillons de la 1re ligne agiront comme les compagnies d'un bataillon formé en carrés de compagnie ou de demi-bataillon. (§§ 150 et 152 du Règlement sur les exercices.)

Les détachements déployés en tirailleurs en avant du front de bataille, qui, par suite de l'abri insuffisant que leur offre le terrain, doivent se rassembler en groupes avec promptitude, doivent également se disposer de manière à ce que leur feu soit bien combiné avec celui de la 1re ligne. Ils ne rejoindront le gros qu'en cas de nécessité absolue, afin que le rétablissement de la formation primitive puisse s'opérer sans perte de temps inutile.

94. Toutes ces dispositions devront être prises dans les manœuvres en temps de paix, quand le colonel donnera l'avis d'une semblable charge de cavalerie par la sonnerie de: *Garde à vous*, et celle de: *Par groupes*, trois fois répétée. Chaque chef de bataillon prendra alors ses mesures pour faire adopter à sa troupe la formation la plus convenable; mais il ne fera commencer le feu qu'au moment qui lui paraîtra le plus opportun.

95. Si l'attaque de la cavalerie est repoussée, le colonel fait faire la sonnerie de: *Garde à vous*, — *Déployez! (Cette dernière sonnerie sera répétée trois fois.)* Puis les bataillons, à moins d'ordre contraire, reprendront la première formation. Cependant il ne faut pas oublier qu'une cavalerie entreprenante et bien instruite ne se bornera pas à une seule charge, mais qu'elle la renouvellera pour fatiguer l'infanterie autant que possible. On ne devra donc pas trop se hâter de faire faire les sonneries dont il est question ci-dessus.

96. Lorsqu'un régiment, pressé par la cavalerie ennemie, est forcé de battre en retraite devant elle, sa ligne de conduite dans ce cas est indiquée au paragraphe *Retraite* et y est traitée avec les développements nécessaires.

3° *Feu continu ou combinaison des deux manières de combattre en tirailleurs et en ligne.*

97. Un régiment peut aussi se trouver en position d'avoir à soutenir un combat de mousqueterie sans pouvoir compter (au moins pendant un certain temps) sur le secours d'autres troupes.

Le combat de tirailleurs donne sans doute les voies et les moyens à l'aide desquels des lignes de tirailleurs, appuyées par des réserves, peuvent défendre une certaine étendue de terrain ou la parcourir en agissant offensivement.

Des bataillons *isolés* auront, dans le cas présent, à suivre la même règle de conduite.

98. Mais ici il s'agit, en outre, de tromper l'adversaire en lui opposant successivement et sagement les forces dont on dispose, tout en tirant de chaque subdivision le meilleur parti possible; il s'agit, de plus, de faire prendre à sa troupe tantôt l'offensive, tantôt la défensive, suivant que l'opportunité s'en fera sentir.

Il s'ensuit qu'un régiment chargé d'une pareille mission devra s'écarter, pour la répartition de ses bataillons, des règles générales sur la formation adoptée pour le combat.

Tandis que dans des conditions normales l'étendue du front d'une formation correspond à sa profondeur, il sera nécessaire, dans le cas actuel où chaque bataillon combattra à tour de rôle, de faire prédominer une *formation profonde*, c'est-à-dire que le régiment devra se former *sur plus de deux lignes* (comme cela se pratique habituellement).

99. Les dispositions de détail à prendre par les différentes lignes, c'est-à-dire par les bataillons placés les uns derrière les autres, dépendront en général de la situation dans laquelle on se trouvera. Mais, même dans le cas où un régiment *aurait à jouer un rôle, avant tout, défensif*, par exemple s'il était chargé de maintenir quelque position jusqu'à ce qu'il soit relevé par d'autres troupes, ou — comme il arrive dans une retraite — jusqu'à ce qu'il soit rappelé au gros du corps, il ne saurait bien remplir sa tâche que par une combinaison heureuse de l'offensive et de la défensive.

La *1re ligne* devra toujours se déployer en tirailleurs; la *2e ligne* se placera derrière les ailes de la 1re, de telle manière que non-seulement elle puisse faire face à l'ennemi toutes les fois qu'il menacerait les flancs, mais encore qu'elle puisse elle-même — au moins partiellement et à la faveur du terrain — se lancer au delà de la 1re ligne et tomber sur les flancs de l'adversaire.

Enfin la *3e ligne* devra être rassemblée et disposée de façon à pouvoir se diriger sur tous les points où sont concours peut devenir nécessaire, par exemple, pour

FIG. X.

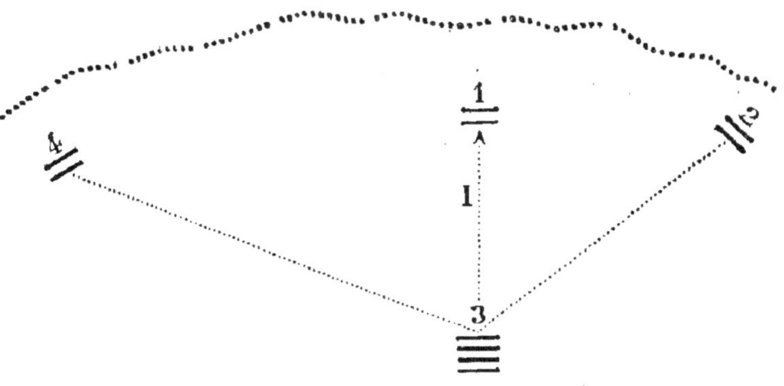

relever la 1re ou la 2e ligne, ou bien pour prendre l'offensive en se portant au delà de la 1re ligne, etc.

2.

100. Ces observations ne font qu'indiquer d'une manière générale la conduite à tenir, pendant un combat d'une certaine durée, par un grand corps de troupes abandonné à lui-même. Elles ont, de plus, pour but de donner une idée de l'importance qu'il faut attacher à l'alternation de l'offensive et de la défensive, tout en tenant compte de la consommation des munitions, des pertes éprouvées, de la durée de l'engagement, etc., qui devront servir de base aux relèvements et à la manière de mener le combat.

Le choix de l'emplacement du parc de munitions n'est, en conséquence, pas indifférent; il importe que, dans ces cas, il se trouve à proximité du corps.

La figure X représente un régiment à 4 bataillons disposé pour le combat dont il vient d'être question.

§ 15.

De l'attaque.

101. Les paragraphes précédents de cette Instruction, notamment ceux qui traitent de la *marche en avant*, des *échelons* et des *feux*, ont fait connaître les voies et moyens les plus avantageux pour mener en général à bonne fin les mouvements offensifs.

Mais, bien qu'il soit incontestable que des manœuvres et des dispositions habiles suffisent pour déloger l'ennemi de plus d'une position sans qu'il soit nécessaire de l'aborder; bien qu'il soit certain qu'une mousqueterie exécutée avec succès ébranle considérablement l'attitude de l'adversaire, il n'en est pas moins vrai que le coup décisif reste encore à porter et que ce résultat ne s'obtient habituellement que par une attaque à l'arme blanche.

102. En prenant ce parti décisif, la troupe offrira une garantie de réussite d'autant plus certaine, et son chef pourra d'autant plus compter sur elle, que sa formation sera plus compacte et plus régulière, et que jusque-là elle aura éprouvé moins de pertes grâce au parti qu'elle aura su tirer de tous les avantages offerts par le terrain et par les éventualités du combat. C'est au chef de cette troupe à saisir le moment favorable où l'adversaire, surpris et menacé par des manœuvres habiles, ébranlé par une fusillade vive et bien nourrie, devra finalement être écrasé par la mise en action de toutes les forces disponibles.

Mais même en ce moment, et alors qu'on se trouverait dans les conditions jusque-là les plus favorables, la réflexion et un froid examen de la situation ne devront pas céder devant une impatience immodérée d'arriver à une prompte décision. Une attaque téméraire faite d'une manière inopportune et en exposant inutilement les troupes, ne servirait qu'à relever le courage d'un adversaire résolu et entreprenant, qui, mettant sa confiance dans l'avantage de sa position et l'efficacité de son feu, saurait attendre en toute sécurité et repousserait facilement une pareille attaque.

103. Quand le commandant d'un régiment en est arrivé au moment de tenter le coup décisif dont il vient d'être question; quand il a reconnu *le point de la position ennemie qui est le plus facile à forcer* (et qui se trouve le plus souvent à l'une des ailes ou sur l'un des flancs), il prend, pour cela, les mesures nécessaires et fait transmettre des instructions claires et précises, mais surtout appropriées *à l'urgence de la situation*, à chacun des chefs de subdivision chargés de remplir une mission particulière.

104. Comme il s'agit alors plus que jamais d'occuper et de retenir l'adversaire, il faut que le feu des tirailleurs déployés en avant du front devienne très-vif et très-meurtrier; il peut même, à un moment donné, être nécessaire de *renforcer* ces tirailleurs. En même temps ils devront recevoir l'ordre de s'arrêter sur une position favorable, pour y attendre l'arrivée du gros de la troupe.

105. Pour préparer l'attaque, le colonel arrête la 1re *ligne* dans une position où elle soit à l'abri autant que possible; puis il prend les mesures suivantes :

1° Il fait avancer la 2e *ligne* (*la réserve*) à une distance moindre, afin de l'avoir plus facilement dans la main.

En même temps les bataillons de cette ligne devront être disposés assez loin des *ailes* (soit sur l'une, soit sur les deux), de manière à pouvoir se porter librement au delà de la 1re ligne et à ne pas gêner celle-ci dans le cas où elle serait forcée de battre en retraite. Ils se tiendront prêts à se déployer le plus promptement possible, mais avant tout ils devront surveiller ce qui se passe sur les flancs du corps principal et, au besoin, prendre à l'action une part indépendante.

106. 2° Le colonel désigne les *points d'attaque* à chacun des chefs de bataillon.

Ou bien on assignera à chaque bataillon un point d'attaque spécial, ou bien il n'y aura qu'un seul point d'attaque, sur lequel, en conséquence, on dirigera plusieurs bataillons à la fois, tandis que des subdivisions seront chargées de faire des démonstrations (fausses attaques) qui, suivant les circonstances, pourront aussi se transformer en attaques réelles. En même temps le colonel désignera aux commandants de la 1re ligne *un point où devront se rallier* leurs troupes en cas d'échec. Ce point de ralliement, qui dépend avant tout du terrain, ne devra pas ordinairement être éloigné de plus d'une double distance de ligne, afin que la troupe repoussée puisse se rassembler le plus rapidement possible.

107. 3° Le commandant du régiment fait donner alors le signal de *l'assaut*. Aussitôt toute la troupe met la baïonnette au canon, et les tirailleurs fournissent un feu plus nourri que jamais.

Au signal qui suit :

Garde à vous !

En avant !

les tambours battent la charge; les tirailleurs se placent dans les intervalles et sur les flancs de la 1re ligne, et pendant que celle-ci se précipite sur l'ennemi au : *Hurrah !* du colonel, la 2e ligne suit le mouvement avec calme et en bon ordre, à la cadence du pas de charge.

108. Si l'adversaire est chassé de sa position; si, par conséquent, l'attaque a réussi, les tirailleurs seront immédiatement déployés et lancés à la poursuite de l'ennemi, contre lequel ils ouvriront un feu bien nourri.

Les bataillons de la 1ʳᵉ *ligne* s'arrêteront et se rassembleront; s'il se présente ensuite une occasion favorable, les chefs de bataillon, sans attendre d'ordre à ce sujet, feront faire des décharges sur l'ennemi battant en retraite.

La 2ᵉ ligne, suivant la disposition qu'elle aura prise précédemment, se portera au delà de la 1ʳᵉ à une distance de ligne ou jusqu'à une position avantageuse, qui naturellement ne devra pas être trop *éloignée*.

Peut-être aura-t-elle encore à vaincre plus d'une résistance de la part de l'ennemi; elle devra s'efforcer avant tout, — mais sans gêner le feu du gros ni celui des tirailleurs, — de se déployer de telle façon que l'ennemi, en se retirant, soit pris entre deux feux.

109. *Mais si l'attaque de la 1ʳᵉ ligne a été repoussée,* celle-ci se retirera sur son point de ralliement, sous la protection des tirailleurs qui se déploieront sans retard devant son front; pendant que la 2ᵉ ligne tiendra ferme et se placera sur une ligne convergente à la direction du front principal, de telle sorte que, si l'ennemi poursuit la troupe battant en retraite, on puisse diriger sur lui un feu croisé.

Si malgré cela, et sans se laisser arrêter par le feu des tirailleurs, l'adversaire continue sa marche, la 2ᵉ ligne devra, à la première occasion favorable, l'attaquer immédiatement conformément au n° 62 du Règlement sur les exercices.

110. Le colonel se tiendra derrière le centre de la 1re ligne, et c'est de là qu'il donnera ses ordres, suivant le *succès* ou l'*insuccès* de l'attaque.

111. *Dans le 1er cas,* son attention devra principalement se porter sur l'attitude de l'adversaire, qui peut-être essayera de s'établir sur une nouvelle position; *dans le 2e cas (si l'attaque a échoué),* il donnera toute son attention et tous ses soins à ce que sa troupe se rallie le plus promptement. Le colonel ainsi que tous les chefs de bataillon devront payer de leur personne pour arriver à former immédiatement une ligne de tirailleurs sans solution de continuité et à faire exécuter la retraite avec calme et en bon ordre.

112. *L'exemple du calme et du sang-froid, dans un moment aussi critique, exercera sur la troupe un effet aussi salutaire que serait funeste sur ceux qui sont en sous-ordre, l'impression produite par l'inquiétude manifeste du commandant.*

113. Aussitôt que commencera la retraite de la 1re ligne, tous ses tambours sans exception battront l'assemblée jusqu'à ce qu'elle soit arrivée au point de ralliement.

114. Telles sont les règles à suivre pour faire exécuter une attaque décisive par un grand corps de troupes.

Observons une fois pour toutes qu'il est essentiel que les commandants n'oublient jamais que l'action décisive, c'est-à-dire le combat à la baïonnette, ne devra être tentée que *lorsque toutes les circonstances se montreront propices et feront prévoir qu'une attaque subite forcera inévitablement l'ennemi à quitter sa position.*

Jusqu'à ce moment toutes les ressources devront être épuisées pour faire éprouver aux troupes le moins de pertes possible, c'est-à-dire pour les tenir à l'abri du feu de l'adversaire, *car la première condition d'un succès assuré, c'est de savoir profiter des accidents du terrain en marchant contre l'ennemi.*

115. Le cas peut aussi se présenter — et ce sera là la véritable pierre de touche du sang-froid et de la discipline d'une troupe — où, au dernier moment, on rencontrera une résistance inopinée qui exigera encore un combat de mousqueterie en ligne avant qu'on puisse attaquer à la baïonnette.

Les circonstances décideront alors si le feu doit être entretenu par toute la troupe ou seulement par une partie du corps, tandis que les autres subdivisions attaqueront à l'arme blanche. Mais il est certain que ce temps d'arrêt, l'exécution du feu, puis l'attaque à la baïonnette exigeront, de la part de la troupe, un haut degré de discipline, de sang-froid et d'attention. Il est tout particulièrement recommandé, en pareil cas, de faire exécuter les feux par la 1re ligne, pendant que la 2e attaquera à l'arme blanche les ailes et les flancs de l'adversaire.

116. Faisons enfin observer encore *relativement à la formation d'attaque de la 1re ligne,* que la formation en colonne est en tout cas plus avantageuse et se prête mieux à toutes les circonstances que la ligne déployée; du reste, dans la défensive (comme le dit le Règlement sur les exercices, n° 132), après avoir exécuté des feux

FIG. XI.

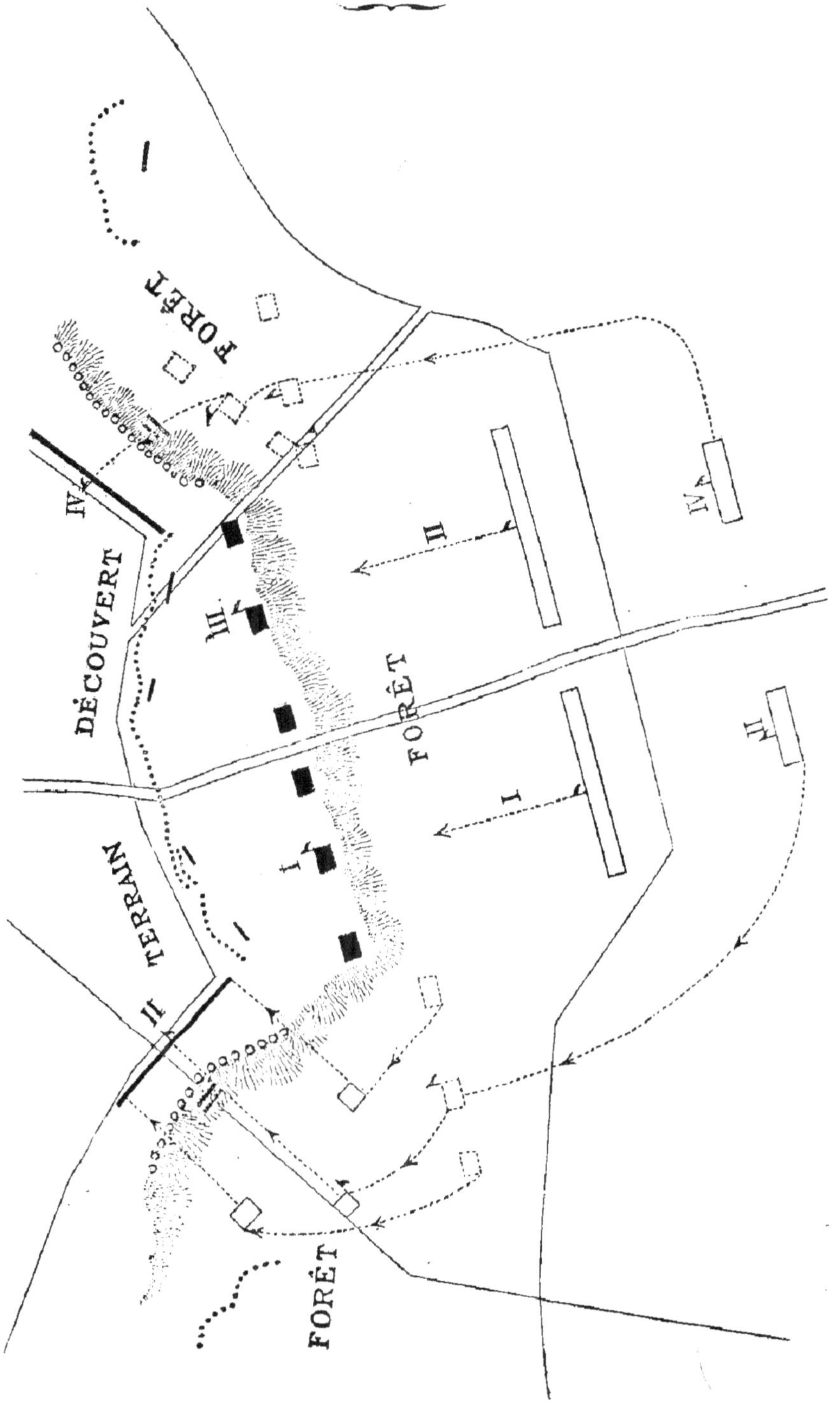

dans une position couverte, on pourra aussi de la ligne déployée passer à une attaque à la baïonnette pour achever d'écraser un ennemi qui n'a pu être suffisamment repoussé par la mousqueterie.

La figure XI représente une attaque exécutée avec succès.

§ 16.

Relèvements de lignes et retraites.

117. Le paragraphe précédent, qui traite de l'attaque, a montré comment les deux lignes peuvent subitement changer de position : d'abord dans un but *offensif*, lorsque, en cas de succès, la 2e ligne va se porter en avant de la 1re; puis dans un but *défensif*, quand, dans le cas d'un échec, la 2e ligne attend de pied ferme et laisse passer la 1re ligne battant en retraite.

Dans les deux cas se réalise un relèvement des lignes du régiment.

Mais de pareils changements de lignes peuvent encore avoir lieu dans d'autres circonstances et nécessiter des dispositions particulières, quand :

118. 1° Il s'agit de relever des subdivisions de la 1re ligne qui sont au feu déjà depuis longtemps. Ce relèvement peut être général, c'est-à-dire qu'il peut s'étendre à toutes les subdivisions de la 1re ligne; ou il peut être partiel, suivant qu'il sera nécessité par l'épuisement des munitions, l'inégalité des pertes éprouvées, etc.

Un pareil relèvement dépend purement des circonstances, et pour l'opérer on se conformera généralement aux indications du § 15 du Règlement sur les exercices.

119. 2° Il peut arriver que de la *défensive* (par exemple dans la défense d'une position) il soit nécessaire de passer à l'*offensive* et de porter la 2ᵉ ligne en avant de la 1ʳᵉ, engagée dans un combat de mousqueterie, puis de faire suivre celle-ci comme 2ᵉ ligne.

120. Sans vouloir établir de règle immuable, parce que, en toute circonstance, c'est le terrain qui sert de base aux manœuvres de la 1ʳᵉ ligne, il sera, en général, plus pratique de faire passer, en pareil cas, la 2ᵉ ligne *par delà les ailes de la 1ʳᵉ, afin que celle-ci puisse continuer son feu aussi longtemps que possible.*

Aussitôt après avoir reçu l'avis qui leur en aura été transmis, les bataillons de la 2ᵉ ligne adopteront une formation appropriée au rôle qu'ils seront appelés à jouer, déploieront de fortes lignes de tirailleurs et prendront, des deux côtés, la direction convergente devant le centre de la 1ʳᵉ ligne. Ils formeront là (avec les subdivisions déployées en avant du front) la nouvelle 1ʳᵉ ligne, après avoir repoussé à la baïonnette les troupes que l'ennemi pourrait leur opposer (manœuvre qui sera ici tout à fait opportune). Si l'ancienne 1ʳᵉ ligne a détaché des tirailleurs en avant de son front, elle les rappellera dès que la 2ᵉ ligne sera arrivée à leur hauteur et aura ouvert son feu de tirailleurs; dans tout autre cas elle cessera son feu aussitôt que les circonstances l'exigeront (mais le prolongera toujours autant que possible).

Les bataillons de la nouvelle 2e ligne ne passeront à la formation et à la position qu'ils auront à prendre que lorsque la nouvelle 1re ligne sera définitivement établie. Toutes ces dispositions dépendent entièrement des éventualités.

121. 3° *Une troisième espèce de relèvement de lignes* se présente dans la *retraite*, lorsqu'on est résolu à opposer une résistance opiniâtre et qu'en même temps le terrain offre des points favorables à la défense.

Sur l'ordre qu'ils recevront, les bataillons de la 2e ligne passeront de la formation en masse primitive à une formation plus large et se rendront à la position qui leur sera assignée; ils déploieront de fortes lignes de tirailleurs devant leur front ou s'apprêteront à faire ouvrir le feu par des subdivisions en ligne. Il est évident que le feu ne sera commencé que lorsque le front sera complétement démasqué.

Mais pour que cela ait lieu le plus tôt possible, les bataillons de la 1re ligne marchant en retraite se dirigeront sur les *ailes* de la position occupée par l'ancienne 2e ligne. Ils couvriront leur retraite par quelques tirailleurs et se rendront ensuite à leur nouvelle position, qui sera déterminée par le colonel, ainsi que la formation qu'ils devront y adopter. Aussitôt qu'ils auront franchi la nouvelle 1re ligne, leurs tirailleurs seront rappelés. Les chefs de bataillon auront soin de conduire leurs troupes de manière à ne pas gêner le feu des bataillons placés derrière elles; mais en même temps, en se couvrant les derrières par des tirailleurs, ils veilleront à ce que la retraite s'opère en bon ordre.

Quant au moment où les bataillons de la nouvelle 1re ligne devront commencer le feu, on ne peut que s'en remettre à l'appréciation des chefs de bataillon.

122. 4° Il ne reste plus qu'à parler du cas (dont il a déjà été question au chapitre des *Feux*), *où un régiment pressé par la cavalerie ennemie doit exécuter une retraite à grande distance*, sans que le terrain lui offre ni abri, ni point d'appui.

Dans ce cas, la 2e ligne devra s'arrêter en temps utile et se former en carrés. Dès qu'ils en seront informés, les bataillons de la 1re ligne, protégés par de fortes lignes de tirailleurs, se retireront, suivant l'ordre qu'ils en recevront, successivement ou simultanément, en passant par les intervalles des carrés de la 2e ligne; arrivés à cette hauteur, ils rappelleront promptement leurs tirailleurs, et s'établiront alors, comme nouvelle 2e ligne, soit à la distance de ligne qui leur sera indiquée, soit en une position favorable située plus en arrière, selon les intentions du colonel. La formation qu'ils adopteront alors dépendra des circonstances. Au moment opportun la nouvelle 1re ligne ouvrira son feu; elle ne devra pas oublier que son attitude ferme et résolue contribuera puissamment au rétablissement des forces de l'ancienne 1re ligne, éventuellement fatiguée ou ébranlée.

123. Il est dans la nature des choses que ces relèvements de lignes soient l'objet plutôt *de dispositions* *particulières que de mesures générales*; mais cette circonstance ne doit pas empêcher le colonel d'initier les chefs de bataillon au moins à l'ensemble de ses intentions, afin que chacun d'eux soit à même de se conformer au mouvement général.

§ 17.

Du rôle des tirailleurs dans les manœuvres du régiment.

124. La présente Instruction a traité à plusieurs reprises de l'utilité qu'un grand corps de troupes, ainsi qu'un régiment, peut tirer du combat de tirailleurs dans les différentes situations qui se présentent dans le cours d'un combat. Les tirailleurs ont toujours pour mission de dissimuler les mouvements du gros jusqu'au moment où celui-ci se déploie afin de pouvoir faire feu ou passe à un choc en masse.

Mais ils ont aussi à remplir des devoirs exigeant une certaine indépendance, devoirs dont il est parlé d'une manière générale au § 18 du Règlement sur les exercices.

Leur activité devra donc se porter de deux côtés différents: à l'extérieur, pour rester en contact avec l'ennemi; à l'intérieur, pour rester en communication avec le gros du corps.

125. En général, les tirailleurs devront s'efforcer de régler leur déploiement sur la troupe placée derrière eux, c'est-à-dire de couvrir autant que possible le front de cette troupe. Les bataillons seront couverts et leur liaison, par les subdivisions envoyées en tirailleurs, se réalisera d'elle-même, tout en tenant compte de la disposition du gros, si chaque compagnie détachée (en tirailleurs) d'un bataillon couvre le front du bataillon, en ayant soin naturellement de se constituer des réserves.

126. Quant à la répartition de ces réserves, il n'est guère possible d'établir des règles pour tous les cas qui peuvent se présenter. Cependant il sera toujours nécessaire d'en placer derrière *les ailes* de la ligne de tirailleurs, parce que là il est important de saisir toutes les occasions d'envelopper l'ennemi, de menacer ses flancs, etc., et parce que c'est de là que partiront le plus souvent les mouvements du gros et que, par conséquent, le feu aura besoin fréquemment d'être promptement renforcé.

127. Les *mouvements des tirailleurs* s'exécutent aux sonneries que font faire le colonel ou les chefs de bataillon; mais ces sonneries ne suffiront pas toujours, et il sera souvent indispensable d'y suppléer par des explications données en temps utile sur les intentions et les dispositions du gros.

128. Les commandants des tirailleurs devront surtout avoir soin de *bien régler leur feu*. Si, dans certains moments, par exemple avant une attaque à la baïonnette, il est nécessaire qu'il soit très-vif; il faut, d'un autre côté, procéder avec une certaine économie, parce que le commandant ne peut pas prévoir le temps pendant lequel sa troupe restera livrée à elle-même.

Toutes les fois que l'occasion se montrera favorable, le feu des tirailleurs devra se diriger sur *les colonnes ennemies*, notamment quand elles feront un mouvement agressif; dans ce cas, de même que dans les retraites, il importe essentiellement que les tirailleurs fassent preuve de persévérance et d'opiniâtreté. Quand, enfin, ils recevront l'ordre de dégarnir le front, il faut que ce mouvement s'exécute le plus promptement possible, et toujours de manière à ne pas gêner le feu du gros.

129. Telles sont les observations les plus importantes sur le rôle des tirailleurs dans les manœuvres d'un grand corps de troupes; les bataillons détachés comme avant gardes ou arrière-gardes, c'est-à-dire agissant isolément, se conformeront aux prescriptions du Règlement sur les exercices (§ 18).

DEUXIÈME PARTIE.

QUATRIÈME SECTION.

COMPOSITION, DIRECTION ET MOUVEMENTS DE GRANDS CORPS D'ARMÉE, A PARTIR DE LA BRIGADE.

§ 18.

Composition.

130. On sait que 2 régiments d'infanterie réunis sous le commandement d'un général-major (brigadier) forment une *brigade*.

Suivant les circonstances, on y adjoint encore un bataillon de chasseurs; et, quand elle est appelée à agir d'une manière tout à fait indépendante, on y attache même de la cavalerie et de l'artillerie. Mais ordinairement la brigade n'est qu'un membre intermédiaire et une partie intégrante de la *division*.

131. La *division* est le premier grand corps de troupes constitué, par la réunion des trois armes, pour jouer un rôle indépendant. Elle se compose:

a) De 2 ou 3 brigades d'infanterie;

b) De 1 ou 2 bataillons de chasseurs;

c) De quelques escadrons de cavalerie (dans certains cas elle comprend même jusqu'à 2 régiments qui, réunis aux chasseurs, forment alors 1 brigade légère);

d) De 2 batteries de 4 et de 2 batteries de 8, placées sous les ordres d'un officier de l'état-major de l'artillerie (chef de l'artillerie divisionnaire); plus, de 1 batterie d'artillerie à cheval quand une brigade légère est attachée à la division;

e) Du parc de munitions divisionnaire;

f) De quelques détachements de troupes techniques (ordinairement 1 compagnie de génie);

g) D'un détachement d'infirmiers.

132. 2 à 4 divisions, accompagnées de tout l'attirail nécessaire, d'une réserve d'artillerie et, selon les cas, d'un certain nombre de corps de cavalerie, forment un *corps d'armée.*

En temps de paix les brigades et les divisions sont, même au point de vue administratif, organisées et composées d'une manière assez déterminée et invariable; en cas de guerre il suffit d'y adjoindre les armes spéciales, les troupes techniques et les établissements. Mais la réunion par *corps d'armée,* variable suivant les besoins et surtout suivant le théâtre de la guerre, n'aura lieu qu'au fur et à mesure que les circonstances l'exigeront. Dans les petites armées cette subdivision intermédiaire disparaîtra tout à fait, et les divisions seront placées sous les ordres directs du commandant en chef. Il s'ensuit que les instructions suivantes se rapportent principalement à la *brigade* et à la *division;* quand on aura à sa disposition des corps de troupes plus considérables, on suivra, d'une manière analogue, ces mêmes prescriptions.

§ 19.

Direction et commandement.

133. La composition des corps d'armée de la force d'une brigade et au delà, ainsi que la grande étendue de terrain que nécessite leur déploiement, enfin le développement naturellement successif de tout combat, et la part différente qu'y prennent les diverses armes malgré l'enchaînement de leur action, excluent d'avance l'emploi *simultané* de toutes les forces disponibles.

134. La possibilité et la nécessité *d'un commandement unique* ne s'étendent donc pas au delà du régiment, et la véritable manière de diriger avec habileté de grands corps de troupes consiste *« à utiliser les différentes parties qui les composent d'après les circonstances et selon la destination particulière de chaque arme, en ménageant autant que possible la liaison qui doit exister entre les troupes du même corps ou de la même unité tactique »*, c'est-à-dire à en disposer au fur et à mesure des *éventualités*. Le rôle du commandant d'un grand corps de troupes se bornera donc à faire transmettre ses ordres par l'intermédiaire d'officiers attachés, à cet effet, aux chefs de brigade, de division, etc.

135. Ce qui a été dit au § 6 (*Commandements*) sur la concision de ces ordres (qu'ils soient donnés verbalement ou par écrit), sur l'instruction particulière de ceux qui sont chargés de les transmettre et sur les précautions à prendre avant de les faire partir ; — ce qui a été dit à propos du régiment, s'applique en tous points aux grands corps de troupes dont il sera question désormais : « le commandement militaire, dans les exercices comme sur le champ de bataille, doit être *bref, précis et basé sur les termes des règlements.* »

136. Néanmoins il ne devra pas échapper à l'attention des commandants de grands corps de troupes qu'en bien des cas il ne suffit pas d'ordonner l'exécution d'un mouvement, mais que leurs ordres auront souvent besoin d'être motivés, accompagnés de commentaires, afin que, dans les moments décisifs, chaque chef ait une idée bien nette des intentions du général et soit parfaitement informé de la marche des événements, auxquels l'un ou l'autre peut être resté étranger ; — cependant s'il a été possible de prendre des dispositions générales ou de tracer, dans une réunion des commandants, les traits principaux du plan que l'on veut suivre, le commandant en chef n'aura plus alors qu'à fixer les différents moments de l'exécution au fur et à mesure des éventualités.

137. Dans l'hypothèse d'une entente préalable, il suffira dans la règle de faire transmettre *verbalement* les ordres relatifs à chaque mouvement isolé. Mais si les exécutions tactiques ont besoin d'être motivées et commentées, il est indispensable d'adresser aux commandants de troupes des ordres *écrits.*

138. Dans les manœuvres en temps de paix on devra s'exercer à ces deux sortes de commandements, afin de se les rendre familières; car une habileté consommée dans l'art du commandement est plus qu'un pur mécanisme : elle fait gagner du temps et évite des malentendus qui peuvent souvent avoir les suites les plus fâcheuses.

139. En règle générale et à l'exception des cas où il est nécessaire de faire parvenir à une subdivision des instructions particulières et qui, par conséquent, doivent lui être adressées directement, les généraux donnent ou expédient leurs ordres aux commandants des différentes armes du grade le plus élevé, c'est-à-dire que le général de division les envoie à ses chefs de brigade, aux commandants de cavalerie, d'artillerie, etc.; le chef de brigade, à son tour, les transmet aux colonels des régiments placés sous ses ordres; etc.

Si une subdivision appartenant à un grand corps de troupes a reçu un ordre émanant d'un chef autre que son supérieur immédiat, ce dernier devra en être informé sans retard. Ainsi, si le général de brigade a fait transmettre un ordre à l'un des bataillons d'un régiment, le colonel de ce régiment doit en être instruit sur-le-champ.

140. Les généraux devront avoir soin de se pourvoir d'un état-major suffisant, afin que l'expédition des ordres ne souffre jamais aucun retard. En conséquence, en dehors des prescriptions réglementaires concernant les officiers de l'état-major général, les officiers d'ordonnance des chefs de brigade et de division, les états-majors des corps, etc., *chaque subdivision de cavalerie* attachée temporairement ou en permanence à une division ou à une brigade enverra auprès du général, immédiatement et sans en attendre l'ordre, soit un officier, soit un sous-officier, suivant la force du détachement; *chaque batterie ou demi-batterie* y enverra un sous-officier.

141. Mais afin que ces états-majors suffisent toujours aux besoins du service, les généraux devront tenir strictement la main à ce que leurs jeunes officiers d'état-major et leurs officiers d'ordonnance, ne fassent pas usage de leur propre commandement pour mener un combat de leur autorité privée, au lieu de remplir leur mission spéciale, et n'occasionnent ainsi de fréquentes confusions.

Les conséquences de pareilles infractions se font sentir dans tout combat prolongé, pendant lequel, bien que pourvus de l'état-major le plus nombreux, les chefs supérieurs s'en voient souvent complétement abandonnés.

142. Faisons observer enfin que chaque commandant de subdivision auquel sera transmis un ordre par un officier d'état-major ou d'ordonnance autre que l'un de ceux qui lui sont connus et qui appartiennent à sa brigade ou à sa division, devra lui demander son nom, afin de se mettre à l'abri de toute responsabilité.

§ 20.

Dispositions tactiques.

143. En parlant du régiment, nous avons déjà motivé le principe d'après lequel tous ses bataillons ne doivent pas engager l'action simultanément; nous avons ajouté qu'il convient alors d'adopter une disposition tactique répondant à cet objet. Il est évident que ce principe s'applique sur une plus grande échelle aux brigades et aux divisions.

144. Le général de brigade ou de division devra donc, dans la répartition tactique de ses troupes, avoir égard aux points suivants:

1° L'organisation des subdivisions composant son corps de troupes (voyez ce qui est dit, au § 1er, du régiment, qui doit rester intact autant que possible);

2° Le terrain sur lequel on manœuvre;

3° Le but que l'on poursuit.

145. Pour remplir ces exigences, les divisions les plus avantageuses de grands corps de troupes, à partir de la brigade, sont la division par *lignes* et la division par *ailes*.

Dans les deux cas, la 1re ligne sera appelée à prendre une part directe au combat, tandis que celles qui sont en arrière, sont destinées à appuyer ou à relever la première.

146. Suivant le cas, quand les différentes lignes se soutiennent réciproquement et selon qu'elles sont placées sous les ordres d'un ou de plusieurs commandants, elles prendront les dénominations sus-mentionnées, savoir:

147. *a)* Quand chacune des lignes de bataille placées l'une derrière l'autre n'a qu'un seul chef, et quand la première peut être renforcée, sur un point quelconque de son étendue, par des subdivisions tirées des lignes établies derrière elle, cette disposition s'appelle *division par lignes*.

148. *b*) Quand, au contraire, il est impossible de confier le commandement de la 1re ligne à un chef unique, on la divise en deux parties (ailes), dont chacune nonseulement a un chef distinct, mais encore doit pouvoir disposer éventuellement d'une réserve spéciale établie derrière elle. Cette disposition se nomme *division par ailes*.

En conséquence, un régiment peut former la 1re ou la 2e ligne d'une brigade (dans la division par lignes), ou bien son aile droite ou gauche (dans la division par ailes).

149. On ne peut donner que des indications générales sur l'opportunité de l'une ou de l'autre de ces dispositions. C'est aux commandants qu'il appartient de les adopter suivant les motifs énumérés aux n°s 147 et 148, en tenant compte des circonstances soit de campement, de dislocation ou de marche. Ajoutons néanmoins les observations suivantes:

150. En général, la *division par lignes* paraît préférable quand le terrain permet à une ligne entière d'agir simultanément, sans que sa trop grande étendue puisse nuire à l'unité du commandement.

Elle sera nécessaire, par exemple, peut-être même sans tenir compte de l'étendue de la ligne et de l'unité du commandement, quand on voudra couvrir immédiatement un grand espace de terrain en déployant au plus vite les troupes disponibles, et le défendre jusqu'à ce que les lignes suivantes soient rangées en ordre de bataille; ce cas se présentera quand un grand corps de troupes devra s'établir devant un défilé : le régiment ou la brigade marchant en tête gagnera aussitôt le plus de terrain possible et se déploiera ainsi comme 1re ligne, tandis que la brigade ou le régiment suivant formera la 2e ligne.

151. La *division par ailes,* au contraire, sera plus avantageuse lorsque les différentes lignes, eu égard au nombre des bataillons qui les composent, embrassent une trop grande étendue pour que le commandant puisse les surveiller convenablement, et qu'en même temps les accidents du terrain masquent une partie des troupes, ou bien si la situation et la nature du combat s'opposent à l'action simultanée même de la 1re ligne et ne permettent d'utiliser que partiellement les forces dont on dispose; par exemple, quand il sera nécessaire de faire attaquer la position ennemie par l'une des ailes d'une brigade, tandis que l'autre couvrira ce mouvement, etc.

152. Mais le choix de l'une ou l'autre de ces dispositions dépendra avant tout de l'étendue, c'est-à-dire de la force des troupes qu'il faudra faire opérer simultanément, et qu'il sera d'une haute importance de réunir, autant que possible, sous un commandement unique.

Ainsi il sera bien plus difficile de diriger un régiment à 4 bataillons, quoique cela paraisse encore possible, s'il est déployé sur une seule ligne, que s'il forme l'aile droite ou gauche de la même brigade; au contraire, le cas d'une division à 2 brigades disposées l'une comme 1ʳᵉ ligne, l'autre comme 2ᵉ, comptera parmi les cas tout à fait exceptionnels. On peut donc poser en principe : *« Qu'au delà de la brigade — à part quelques cas particuliers — on n'adoptera, dans l'intérêt de la direction des troupes, que la division par ailes. »*

§ 21.

Formations.

153. Comme pour le régiment, il y a de même pour les brigades et les divisions deux espèces de formations :

a) La formation de combat;

b) La formation normale.

Dans les deux espèces de formations se présentent les divisions *par lignes* et *par ailes* dont il a été question au paragraphe précédent.

A. *Formation de combat.*

154. Quand une *brigade* est formée en ordre de combat, les deux régiments d'infanterie qui la composent sont placés soit *l'un derrière l'autre* (par lignes), soit *l'un à côté de l'autre* (par ailes); dans les deux cas ils formeront au moins deux lignes de bataille.

Suivant les circonstances, on formera aussi une 3ᵉ ligne (réserve), ou bien l'un des bataillons sera employé comme avant-garde ou comme arrière-garde.

155. En ce qui concerne la formation de combat *d'une seule division*, il a déjà été dit que, dans la règle, *la division par ailes* paraît plus avantageuse pour un corps de troupes aussi considérable. Dans une division à 2 brigades, sans préjudice de la division *des régiments* par lignes ou par ailes, l'une des brigades formera *l'aile droite*, l'autre *l'aile gauche*. Mais quand, par exemple, la même division sera pendant un certain temps abandonnée à elle-même, quand elle devra soutenir un combat de longue durée, etc., elle se formera *par lignes*, afin d'obtenir plus de profondeur et de pouvoir se constituer une réserve; elle sera donc ainsi disposée :

Général-major	Régiment A, 1re ligne	de la
de brigade : N.	— B, 2e —	
Général-major	— C, 3e —	division N.
de brigade : N.	— D, réserve	

Quand une division agissant isolément sera composée de 3 brigades, *l'une de ces brigades* constituera, en règle générale, *la réserve* et fournira en même temps l'avant-garde et l'arrière-garde, tandis que les deux autres brigades formeront, l'une *l'aile droite*, l'autre *l'aile gauche*. Mais si cette division fait partie d'un corps d'armée et se trouve *en entier* en 1re ligne, tandis qu'elle est suivie par une autre division, ces différentes brigades prendront les dénominations de :

Aile droite	
Centre	de la division.
Aile gauche	

156. Les exemples cités plus haut montrent suffisamment de combien de manières différentes peuvent être disposés de grands corps de troupes ; c'est aux généraux qu'il appartient d'appliquer ces dispositions suivant les circonstances.

157. Pour ce qui regarde la formation des bataillons des deux premières lignes, aussi bien que leurs relations réciproques dans la brigade et la division, on se reportera à ce qui a été dit en parlant du régiment (§§ 2 et 3).

Les lignes qui sont en arrière et dont il n'est pas fait mention ici, se disposeront suivant le terrain, tant en ce qui concerne leur formation que leur distance des premières lignes.

Dans la formation de combat, l'intervalle à observer entre deux régiments, brigades ou divisions est égal à trois fois celui qui sépare chaque bataillon.

158. La formation de la *cavalerie* et de *l'artillerie* attachées aux divisions ou, selon les cas, à des brigades isolées, dépendra des particularités du combat, des intentions des généraux, etc. ; elle sera donc variable.

Le rôle de ces deux armes dans le combat, et celui des bataillons de chasseurs répartis entre les brigades et les divisions, seront traités à des paragraphes spéciaux, parce que, en principe, ils ont à remplir des missions indépendantes, tantôt préparatoires, tantôt complémentaires, qui doivent harmoniser avec la marche générale du combat, mais non avec chaque mouvement isolé des corps d'infanterie.

159. Les parcs de munitions, quand ils ne distribuent pas de munitions, et les troupes techniques seront placés près de la réserve, derrière laquelle, suivant l'état des choses, se placera éventuellement aussi le train.

B. *Formation normale.*

160. Relativement à la formation des différents bataillons et aux intervalles de lignes, les brigades et les divisions se reporteront au § 5 de l'Instruction.

Entre deux régiments, brigades ou divisions *placés l'un à côté de l'autre,* on observera *un intervalle* double de celui de bataillon (24 pas, dans la formation dont il s'agit).

L'artillerie de la division formera une ligne à part; les parcs, etc., se disposeront suivant le terrain.

C. *Observations sur la formation normale de grands corps de troupes.*

161. Bien que cette formation ne soit adoptée qu'en dehors du champ de bataille proprement dit, il faut pourtant, dès qu'il s'agit de se mettre *en mesure de combattre,* faire une différence entre la concentration *de petits corps* tels que le régiment et celle *de grandes masses,* comme la division ou un corps d'armée.

162. Si l'on considère le temps nécessaire à un grand corps de troupes pour passer de la formation normale à la formation en colonne ou de combat, il ne paraît pas toujours prudent de rassembler *sur un seul point* des divisions ou des corps d'armée constituant la réserve générale. Ils ne peuvent être appelés qu'à prendre l'offensive, ou, en cas de défensive, à occuper une position permettant de recueillir les troupes placées en 1ʳᵉ ligne; dans ce dernier cas ils se tiendront le plus souvent au point en question ou, du moins, à sa proximité. Dans les deux cas, il est donc préférable qu'au moins les différentes brigades, déjà placées dans la formation normale, observent entre elles, sinon strictement, du moins approximativement, les intervalles qui peuvent devenir indispensables par la suite, afin de ne pas perdre beaucoup de temps quand les circonstances exigeront qu'elles se déploient en ordre de combat.

163. L'application de ces principes dépend beaucoup trop des circonstances de temps et de lieu, pour qu'il paraisse possible et prudent de leur donner plus de développement sans entraver la liberté d'action des généraux. Posons cependant encore une règle de conduite qui devra être suivie en tout temps et en tout lieu :

«Pendant le combat on n'entreprendra jamais aucun mouvement qu'en partant de la formation de combat. Un choc en masse dans la formation normale aurait inévitablement les suites les plus fâcheuses pour une troupe qui, négligeant d'observer ce qui se passe autour d'elle, se laisserait surprendre dans cette formation, parce que les ravages trop meurtriers qu'exercerait dans ses rangs le feu ennemi, rendraient son déploiement dans la formation de combat péremptoirement impossible.»

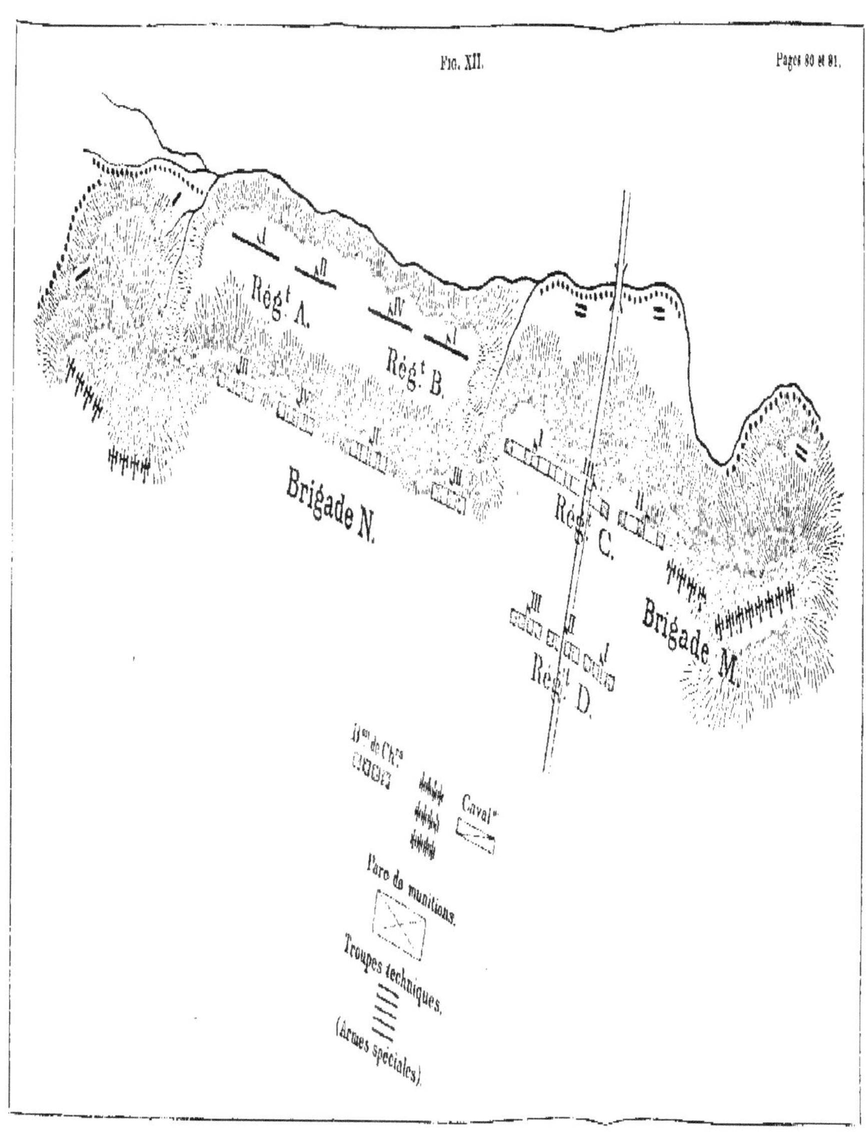
Rég.t A.
Rég.t B.
Brigade N.
Rég.t C.
Rég.t D.
Brigade M.
1j.ers de Ch.rs
Caval.ie
Parc de munitions.
Troupes techniques.
(Armes spéciales)

164. Enfin de ce qui vient d'être dit, on doit conclure qu'il est indispensable que les commandants de ces réserves qui se trouvent dans une position expectante, suivent attentivement la marche du combat dans la ligne qui se trouve devant eux et prennent les mesures propres à se garantir de toute surprise.

D. *Mouvements dans la formation normale. Passage de cette formation à la formation de combat et réciproquement.*

165. Comme il a déjà été dit à plusieurs reprises, les mouvements dans la formation normale exécutés par de grands corps de troupes *en dehors du champ de bataille,* s'opèrent de la même manière que ceux du régiment formé en un ordre analogue.

Dans cette formation, les troupes étant serrées en masses plus compactes que d'ordinaire, la *transmission* des ordres prescrivant chacun des mouvements ferait perdre trop de temps; les *chefs de brigade* peuvent donc *exceptionnellement,* dans la formation normale, commander leurs troupes à la voix.

166. En ce qui concerne le passage de la formation normale à la formation de combat et réciproquement, les grands corps de troupes se conformeront aussi aux prescriptions du § 8 de la présente Instruction, mais dans le premier de ces cas il faudra en même temps prendre en considération les recommandations relatives au déploiement de la colonne (§ 13, 3°).

Observation. La figure XII représente une division dans la formation de combat.

§ 22.

Mouvements de front de grands corps de troupes.

167. Ce qui a été dit au § 9 sur la marche du régiment en avant, en retraite et la marche oblique s'applique aussi, sur une plus grande échelle, aux brigades et aux divisions; seulement le plus souvent ces mouvements seront préparés ou couverts par des avant-gardes ou des arrière-gardes constituées à cet effet d'une manière toute spéciale. En outre, suivant que le corps de troupes sera plus ou moins fort, le mouvement s'exécutera simultanément ou successivement.

168. Dans ce dernier cas, on aura recours à la formation en *échelons*, disposition qui se prête le mieux à la direction si difficile des grands corps de troupes. C'est aux généraux qu'il appartient de décider si le mouvement s'opérera par échelons de bataillon, de régiment ou de brigade. Faisons pourtant observer qu'un trop grand nombre d'échelons en rend le commandement plus difficile et entraîne le fractionnement des forces, parce que, comme il a déjà été dit en parlant du régiment, il est de règle qu'on assigne à chaque échelon un point d'attaque différent.

169. Quant *aux intervalles à observer entre les échelons*, il n'est guère possible d'établir des règles générales et obligatoires pour les brigades et pour les corps de troupes plus considérables, si, d'un côté, on considère l'étendue qu'embrasse chaque brigade dans la ligne de bataille, si, de l'autre, on songe qu'il est non moins difficile de transmettre que d'exécuter simultanément les ordres de commencer le mouvement, et que souvent il est nécessaire qu'un ou plusieurs échelons occupent l'ennemi pendant un certain temps et tâchent de l'entraîner à de fausses manœuvres, avant de faire avancer les autres échelons.

170. Cette observation, faite relativement à la marche en avant, à propos des distances d'échelon, s'applique aussi à la *marche en retraite*, car il est incontestable que la persévérance d'un échelon à se maintenir dans une position favorable — sans pourtant s'exposer au danger de se trouver *isolé* — causera de sérieux embarras à l'adversaire et dérobera, au contraire, l'échelon plus avancé à la poursuite de l'ennemi.

171. De l'examen minutieux de la situation et d'une observation exacte des circonstances de temps, de lieu et de combat dépendront les dispositions à prendre non-seulement dans les cas dont il vient d'être question, mais encore pour les manœuvres tendant à envelopper l'ennemi par la formation en échelons les deux ailes en avant.

172. Le rôle des détachements de cavalerie et d'artillerie consistera, suivant les cas, à préparer, à appuyer ou à relier les mouvements, en un mot à les compléter, résultat qui ne peut être obtenu que par le concours des trois armes.

173. Les réflexions faites ci-dessus s'adressent également à la préparation et à l'exécution des *change-*

ments de front d'un grand corps de troupes. Dans ce mouvement les principales tâches incomberont généralement au pivot et à l'aile marchante : le premier se tiendra sur une défensive opiniâtre, tandis que la seconde prendra une vigoureuse offensive.

§ 23.

Formation, mouvements et déploiement des colonnes.

174. Un des principes fondamentaux de la tactique consiste à être prêt, en tout temps, à disposer rapidement ses troupes sur un front proportionné à leur force, c'est-à-dire à pouvoir passer, sans grande perte de temps, de la formation en colonne à la formation de combat. A cet effet il faut éviter de former des colonnes trop *profondes*, et il est nécessaire, avant tout, de faire avancer un grand corps de troupes en un nombre de colonnes égal à celui des voies de communication praticables.

175. Les divisions et les corps d'armée devront donc toujours — à moins d'accidents de terrain extraordinaires, de voies de communication insuffisantes, etc. — se partager en plusieurs colonnes marchant à la même hauteur et reliées entre elles autant que faire se peut.

176. *Formation.* Ces colonnes sont appelées, suivant leur force, colonnes de brigade ou colonnes de division. Chacune d'elles devra être disposée de telle sorte qu'elle puisse remplir les conditions suivantes :

1° Conservation de l'union tactique; indivisibilité de

chacun des régiments de la brigade, des brigades dans la colonne de division, en vue du maintien de l'ordre et de la discipline;

2° Possibilité de se déployer à toute heure promptement et en bon ordre.

177. Le premier et le plus sûr moyen d'arriver à ce résultat, c'est l'observation de la division *par lignes et par ailes*, aussi bien dans la formation que dans le déploiement de la colonne, du moins entre les corps de la même brigade; dans la *division*, ce détail paraît gênant et superflu.

178. En formant la *colonne de brigade*, le chef de brigade devra donc prendre en considération si les régiments sont disposés par lignes ou par ailes, pour leur faire adopter la formation en colonne la plus appropriée au maintien de l'union du régiment, ce qui, du reste, est conforme au § 13, 1° (Formation de la colonne de régiment), d'après lequel les bataillons du même régiment se placent toujours dans la colonne ligne par ligne.

179. Ainsi, si une brigade est disposée *par ailes*, la colonne se formera, en règle générale, *par ailes*, et suivant qu'elle se formera sur *la droite* ou sur *la gauche*, ce sera le régiment de droite ou de gauche qui prendra d'abord rang dans la colonne; si la colonne se forme *en avant* ou *en arrière*, ce sera la 1re ou la 2e ligne des différents régiments qui se mettra la première en mouvement.

Si, au contraire, les régiments de la brigade sont

disposés *par lignes,* on formera aussi, généralement, des colonnes *par lignes.*

180. Du reste, ces règles n'excluent nullement quelques exceptions commandées par des circonstances pressantes.

Supposons, par exemple, qu'une brigade soit disposée par ailes en ordre de combat devant un défilé qui ne puisse être franchi qu'en colonne, et qu'il s'agisse de former la colonne en arrière et en même temps de couvrir par la 1re ligne le passage de la 2e à cette même formation. La considération de l'union du régiment devra alors nécessairement faire place à celle de la situation, c'est-à-dire que, quoique disposés *par ailes,* les régiments formeront une colonne *par lignes.*

Les bataillons des différents régiments resteront mêlés dans cette colonne jusqu'au moment où se présentera une occasion de rétablir les conditions normales.

181. Dans la colonne, les divers intervalles sont observés de la même manière que dans la formation de combat.

La *batterie* ou, en général, l'*artillerie* attachée à une *brigade* isolée prend place entre les deux régiments; le *bataillon de chasseurs* (s'il en est assigné un à la brigade) se placera à la tête ou à la queue de la colonne.

La question de savoir le point de la division où marchent la cavalerie et l'artillerie; si elles forment une colonne à part ou si elles sont assignées en totalité ou en partie à l'une ou à l'autre des colonnes; enfin les dispositions relatives à l'avant-garde et à l'arrière-garde et à la liaison nécessaire entre plusieurs colonnes marchant à la même hauteur; toutes ces questions ou bien seront traitées aux paragraphes spéciaux à ces deux armes, ou sont du domaine de la tactique et des marches. Il n'est donc pas nécessaire de les développer ici.

182. *Mouvements de grandes colonnes*. Ces mouvements appartiennent aussi au chapitre traitant des marches. Il va de soi que, si plusieurs colonnes marchent à la même hauteur, on fixera d'avance un but qu'elles devront atteindre, à un moment donné, au prix des plus grands sacrifices; ou bien le général réglera la marche de ces colonnes de telle sorte qu'il les ait toujours sous la main pour pouvoir en disposer suivant ses intentions.

Toutes les colonnes doivent donc être instruites du lieu où se tient le général en chef, et celui-ci ne quittera ce point qu'en cas de nécessité absolue.

183. *Déploiement*. Par déploiement on ne peut naturellement entendre que le passage de l'ordre de marche à la formation de combat; encore faut-il admettre que des éclaireurs ont suffisamment reconnu le terrain et que toutes les mesures ont été prises pour que les manœuvres du gros ne soient nullement entravées.

184. Les dispositions à prendre pour se former en bataille varieront encore *suivant l'espèce de colonne adoptée*. Plus sera considérable le corps de troupes, et moins on pourra exiger du commandant qu'il s'occupe de détails qui lui feraient forcément négliger des mesures d'une importance plus grande.

3.

Ainsi dans le déploiement de plusieurs brigades marchant *en colonne* l'une à la suite de l'autre, les ordres du chef de division se borneront à indiquer la brigade qui formera l'aile droite, celle qui formera l'aile gauche, celle d'entre elles qui s'établira en première ligne et celle qui constituera la réserve.

Quand les troupes *se rangent en bataille brigade par brigade,* c'est aux commandants de ces brigades qu'il appartient de décider si elles se disposeront par lignes ou par ailes; les §§ 20 et 21 les guideront dans le choix de l'une ou de l'autre de ces dispositions.

185. Mais pour le déploiement de grandes colonnes, les chefs de brigade, de division et de corps d'armée devront prendre en considération les points suivants, qui sont d'une importance bien plus grande.

186. a) *Le déploiement doit être convenablement couvert, préparé et appuyé.*

Ce but sera atteint en détachant, en avant du front, des tirailleurs et des avant-gardes et en établissant promptement et en des points favorables les pièces disponibles; celles-ci devront donc quitter en temps utile la place qui leur était assignée dans la marche.

187. b) *L'emplacement de la ligne de bataille* a besoin d'être *bien choisi* et *exactement indiqué* à chacune des brigades, soit qu'il soit déterminé par une troupe déjà formée en bataille, soit qu'il faille encore chercher sur le terrain le point le plus convenable.

188. c) *Si plusieurs brigades marchent à la suite l'une de l'autre* et que la configuration du terrain ne s'y oppose pas, il est urgent, tout en faisant les préparatifs pour le déploiement, *de diminuer aussitôt la profondeur des colonnes*. A cet effet on tirera *de ces colonnes* les brigades — correspondant aux places qu'elles devront occuper dans la ligne de bataille — qui *marchent à la suite* de la 1re, laquelle se déploiera sans retard. Puis on les fera passer momentanément à la formation normale, et c'est dans cette formation qu'on les portera vers le flanc et en avant jusqu'à ce qu'elles puissent se déployer.

Les commandants supérieurs devront toujours, sans en attendre l'ordre, faire ainsi avancer leurs troupes afin de rendre libres les voies de communication ; cette précaution est d'une importance capitale lorsqu'il s'agit de marcher au combat. Cependant s'ils ne sont pas appelés à entrer immédiatement en ligne, ils ne s'éloigneront pas trop des routes, afin d'être en mesure de prendre éventuellement d'autres dispositions.

189. d) *Si la marche s'est effectuée en plusieurs colonnes marchant à la même hauteur,* il faut, au moment du déploiement, indiquer à chacune d'elles quelle est la colonne qui sert de base au mouvement et leur faire savoir si elles ont à s'établir à droite, à gauche ou en avant de la brigade N, etc.

Si, pour couvrir toute la ligne de bataille, le terrain n'a pas été d'avance soigneusement parcouru par des éclaireurs, chacune des colonnes prendra les mesures nécessaires pour assurer son déploiement.

190. e) *Toutes les troupes qui ne sont pas dispo-*

sées sur le champ de bataille proprement dit, s'établiront derrière la réserve — s'il en a été constitué une — et, dans certaines circonstances, dans des positions plus reculées encore.

La *disposition de la réserve elle-même* dépend trop des circonstances stratégiques et de la configuration du terrain, pour pouvoir être précisée sans qu'en soit entravée la liberté d'action des commandants supérieurs.

CINQUIÈME SECTION.

FEUX, OFFENSIVE, DÉFENSIVE, RELÈVEMENTS.

§ 24.

Feux.

191. La manière dont doit être engagé et dirigé un combat de mousqueterie et les détails déjà donnés au § 14 de la présente Instruction expliquent clairement que les commandants supérieurs ne peuvent prendre aucune part immédiate à la direction de ce combat. Cette direction rentre dans la sphère des chefs de bataillon ou, tout au plus, des colonels, qui se trouvent encore assez à portée de la troupe pour pouvoir tirer parti des moments et des circonstances favorables.

192. Les généraux, de leur côté, auront à veiller à ce que la mousqueterie soit *appuyée* et *soutenue:*

a) En utilisant judicieusement l'artillerie placée sous leurs ordres;

b) En établissant les parcs de munitions dans des positions favorables et en en surveillant activement les opérations ; deux obligations qui, sans nul doute, n'ont besoin d'aucun commentaire.

Faisons observer, à cette occasion, que, lorsqu'une subdivision détachée, pour un certain temps, d'un grand corps de troupes, est assez importante pour avoir droit à des voitures de munitions, il est prudent de les lui attacher dès le commencement de sa mission indépendante.

193. Quant aux mesures à prendre pour *se défendre contre la cavalerie* et *en cas de combat de mousqueterie de longue durée,* les principes énoncés au paragraphe précité de l'Instruction permettent d'en déduire, pour les grands corps de troupes, une règle de conduite analogue à celle qui est suivie par le régiment dans les mêmes circonstances.

194. Le rôle de la *cavalerie* et de l'*artillerie* dans le premier de ces cas sera traité aux paragraphes affectés à chacune de ces armes.

§ 25.

Attaque.

195. Un corps d'armée d'une certaine importance ne peut pas se préparer à l'*attaque* — prendre l'*offensive* — en serrant soudainement ses colonnes pour décider directement l'affaire, comme, dans des circonstances favorables, de petites subdivisions sont quelquefois dans le cas de le faire.

L'attaque d'un grand corps d'armée nécessite, au

contraire, une suite de manœuvres opportunes, bien appropriées aux circonstances, et menant parfois au résultat *sans que l'ennemi attende la dernière phase de l'attaque directe : le combat à la baïonnette.*

196. Plus le succès ainsi obtenu sera éclatant et plus il fera honneur au général, parce que indubitablement celui-ci l'aura remporté non-seulement grâce à de sages combinaisons tactiques et stratégiques, mais encore en utilisant judicieusement le terrain, en faisant marcher les troupes sans les exposer au feu de l'ennemi, et en ménageant ainsi ses forces par tous les moyens possibles; — parce que, enfin, il aura conservé intactes et prêtes à de nouvelles éventualités des troupes qui auraient éprouvé des pertes inévitables dans une rencontre dont l'issue était douteuse.

197. Néanmoins il se présentera toujours des circonstances où l'on ne pourra éviter d'en venir aux mains avec l'adversaire, et où il faudra avoir recours à ce moyen pour se rendre maître de la position qu'il occupe.

Dans ces cas, les chefs de grands corps d'armée devront avoir soin :

1° D'ébranler fortement l'ennemi par une *canonnade* dirigée sur les points les plus importants de sa position et sur les principales masses de ses troupes;

2° D'*agir sur les flancs et le derrière de l'ennemi* par des attaques vigoureuses, soit simulées, soit réelles, pour l'inquiéter par la possibilité de se voir couper la communication ou la retraite;

3° De *rompre ses lignes au point* dont la possession paraît la plus décisive pour l'agresseur, comme étant évidemment l'endroit le plus faible, le moins bien défendu, et, par conséquent, le plus facile à enlever, ou bien comme devant infailliblement succomber à une attaque de forces supérieures en nombre;

4° D'*achever* le succès obtenu et de *se garantir* contre une issue défavorable de la tentative.

198. Les principes susénoncés guideront les généraux dans l'emploi et la distribution des troupes et des armes qui seront placées sous leurs ordres; quant au reste, le terrain et les événements qui auront précédé l'attaque directe devront leur indiquer le chemin qu'ils auront à suivre pour arriver à leur but.

199. A part le premier point des indications ci-dessus, dont il n'a pas été question jusqu'ici, l'attaque directe d'une position ennemie par brigades entières ou par divisions s'exécutera à peu près de la même manière que si elle était faite par un régiment.

Seules, les *dimensions* seront autres, parce que, d'un côté, on aura à conduire et à mouvoir de plus grandes masses; de l'autre, parce qu'il faut surveiller et dominer de plus grandes étendues. De plus, — indépendamment des efforts faits pour atteindre le but commun à tous, — les différentes parties de l'ensemble tactique, c'est-à-dire les régiments dans la brigade, les brigades dans la division, ou les divisions dans le corps d'armée, seront plus abandonnées à *leur propre initiative* et auront à remplir des tâches que les mouvements et les événements antérieurs feront clairement connaître aux commandants, ou qui leur seront expressément indiquées le cas échéant. Dans l'accomplissement de ces tâches, les subdivisions détachées auront à se conformer aux règles prescrites pour un seul régiment; en même temps elles ne perdront pas de vue les mouvements des troupes manœuvrant à leurs côtés, afin de rester constamment en relation avec elles et de pouvoir au besoin leur porter secours.

200. Dans tous les cas, enfin, et notamment dans ceux indiqués aux §§ 3 et 4 ci-dessus, *il ne faudra pas oublier de se constituer une réserve spéciale et intacte* (si, selon le plus ou moins d'indépendance du corps d'armée, cette mesure n'a déjà été prise auparavant); cette réserve reste à la disposition exclusive du commandant en chef, aussi bien pour intervenir au point le plus important, que pour achever au besoin un succès obtenu ou même encore pour détourner une catastrophe en arrêtant l'ennemi avec le sang-froid propre aux troupes fraîches.

201. Les *bataillons de chasseurs* et la *cavalerie* rendront les services les plus précieux dans les fausses attaques et les démonstrations, qui sont des moyens essentiels pour occuper l'adversaire et pour le tromper sur le coup décisif qu'on a l'intention de lui porter; ils ne sont pas moins utiles pour inquiéter les flancs et le derrière de l'ennemi. Néanmoins une partie de la *cavalerie* devra toujours rester avec la *réserve*, afin que le commandant l'ait sous la main soit pour poursuivre, soit pour repousser l'adversaire.

202. Le véritable secret de la manœuvre consiste à temporiser en face des forces de l'adversaire et à concentrer, au contraire, ses propres forces en face du point le plus faible de l'ennemi ou de l'endroit le plus important pour l'agresseur, afin de s'assurer la supériorité numérique en ce point: ces considérations devront donc toujours guider dans le choix de la forme tactique se prêtant le mieux aux circonstances du moment. Cependant les formations les plus propres à l'attaque sont : la *formation par échelons* ayant pour but de déborder une aile de la position ennemie et en même temps de peser par des renforts proportionnés sur le point le plus favorable; ou bien l'attaque par les deux ailes formées en échelons en avant, le centre en arrière, dans le but d'envelopper l'ennemi.

Dans le premier cas la *réserve* se placera derrière le dernier échelon; dans le second cas elle marchera derrière le centre; dans l'un et l'autre cas elle devra être en mesure de pouvoir rendre les services qu'on est en droit d'attendre d'elle.

De même que, pour une attaque directe faite par un régiment isolé, il a été recommandé de diminuer la distance entre la 1re et la 2e ligne; de même dans le cas actuel les circonstances particulières devront indiquer la mesure dans laquelle on aura à modifier l'intervalle entre la réserve et les lignes d'attaque.

203. On ne peut entrer dans de plus grands détails sur l'attaque d'un corps d'armée considérable sans restreindre la liberté d'action dans les positions différentes dans lesquelles on peut se trouver; cependant il convient de recommander une fois pour toutes aux commandants des troupes, c'est-à-dire aux généraux, de déployer autant de *circonspection* dans la préparation que d'*énergie* dans l'exécution définitive de leur plan, et de s'efforcer d'atteindre leur but en disposant judicieusement et en temps utile les armes et les troupes qui sont sous leurs ordres, *principalement, pour l'infanterie, en combinant sagement la mousqueterie et l'attaque décisive à la baïonnette.*

§ 26.

Retraite et passages des lignes.

204. Il peut arriver que des circonstances défavorables ou la supériorité numérique de l'ennemi forcent des brigades, des divisions ou des corps d'armée à se retirer sur un terrain placé en arrière de leur première position. Cette manœuvre peut s'exécuter de différentes manières :

1° Par la retraite simultanée de tout le corps d'armée sous la protection d'une ou de plusieurs arrière-gardes, selon l'étendue de la ligne ;

2° Par la retraite successive, partielle (soit par lignes, soit par ailes, régiments ou brigades), de manière que les diverses subdivisions puissent se relever ou au moins s'appuyer réciproquement.

205. A peine est-il besoin de faire remarquer que,

pour assurer l'entière exécution d'une pareille manœuvre, il est indispensable que l'avis du général ordonnant la retraite indique le plus clairement possible aux différents commandants de subdivisions la manière dont cette opération doit s'effectuer, les points dont on devra se rendre maître ou qui ne seront abandonnés qu'à un moment donné, l'heure du commencement du mouvement et, enfin, les mesures particulières que chacun devra prendre.

206. En passant en revue les différents modes de battre en retraite, on peut faire les observations suivantes :

Premier mode. Soit qu'une seule arrière-garde paraisse suffire pour tout le corps d'armée, soit que les circonstances en réclament plusieurs, le devoir de l'arrière-garde sera, en tout cas, de couvrir la retraite du gros de l'armée en faisant au besoin tous les sacrifices imaginables et en soutenant le combat dans les meilleures conditions possibles jusqu'au moment où le gros de l'armée occupera sa nouvelle position, ou, en général, jusqu'à ce qu'elle ait exécuté en tous points les instructions qui lui auront été transmises.

Elle effectuera ensuite sa propre retraite de manière à gêner le moins possible le gros de l'armée; elle fera, au contraire, tous ses efforts pour attirer à portée du feu de ce dernier, l'ennemi qui se sera mis à sa poursuite.

Selon les circonstances, cette arrière-garde se composera seulement d'infanterie ou bien comprendra des troupes des trois armes.

207. *Deuxième mode. Dans une retraite par lignes*

d'un grand corps d'armée on se conformera à ce qui a été dit (§ 16) pour la marche en retraite et les passages ou relèvements des lignes d'un seul régiment.

Dans la retraite *par ailes*, au contraire, il faudra faire usage de la formation *en échiquier*, et suivre, conséquemment, les instructions prescrites (§ 22) pour les échelons en retraite de grands corps d'armée.

Comme on l'a fait remarquer pour un seul régiment, les lignes ou échelons isolés devront se couvrir de lignes de tirailleurs.

208. Dans ces retraites on ne saurait assez recommander aux commandants de régiment, de brigade et de division l'observation des points suivants:

Utiliser judicieusement le terrain, sans chercher cependant à prendre position quand même, parce qu'il est incomparablement plus important, mais *plus rare*, d'arriver peu à peu à occuper une position où l'on puisse se préparer à une résistance énergique; — maintenir le calme et l'ordre dans leurs troupes et rester en relation avec les subdivisions qui battent en retraite à leurs côtés.

Dans l'intérêt général et de leur propre initiative, les chefs ne laisseront cependant échapper aucune occasion de reprendre l'offensive, toutes les fois que l'ennemi commettra une faute, notamment quand, voulant poursuivre un succès momentané, il sera assez imprudent pour compromettre ses flancs et ses communications.

SIXIÈME SECTION.

ROLES, DANS LES GRANDS CORPS D'ARMÉE, DES BATAILLONS DE CHASSEURS, DE LA CAVALERIE ET DE L'ARTILLERIE QUI LES COMPOSENT.

§ 27.

Rôle des chasseurs.

209. Les *bataillons de chasseurs*, qu'ils soient attachés en entier ou en partie soit à des brigades, soit à une ou à plusieurs divisions, doivent toujours être considérés comme un élément spécial, appelé à jouer un rôle tout à fait indépendant.

210. Leur aptitude et leur adresse particulières dans le maniement des armes à feu, de plus leurs connaissances spéciales dans l'art de combattre isolément rendent les corps de chasseurs aptes à des entreprises qui ne peuvent être confiées qu'à des hommes adroits, audacieux, rusés, bons tireurs et sachant profiter de tous les accidents de terrain.

211. Ce serait méconnaître ces qualités et ces avantages que de vouloir incorporer ces troupes dans les rangs de l'infanterie de ligne et de leur faire prendre part aux mouvements exécutés dans un but tactique; car l'infanterie de ligne possède elle-même tous les éléments nécessaires pour suffire à toutes les exigences du combat en ligne et du combat de tirailleurs.

212. Les corps de chasseurs rendront, au contraire, de grands services :

1° *Dans l'offensive* : pour les reconnaissances (par petites fractions); pour la défense des postes avancés, où il est nécessaire d'avoir tout à la fois un feu nourri, fait avec économie et par cela même mieux dirigé; en général pour les démonstrations et les diversions sur les flancs et les derrières de l'ennemi, et particulièrement, pour masquer une attaque exécutée par un grand corps de troupes; pour surprendre des batteries ennemies isolées, etc.

2° *Dans la défensive* : pour entrer en ligne dans toutes les circonstances où il s'agit d'opposer à l'ennemi tout à la fois un feu vigoureux et l'emploi de tirailleurs, offrant une résistance opiniâtre basée sur la mousqueterie; *dans les retraites* par exemple, où leur persistance à maintenir la position qui leur sera assignée et leur feu meurtrier favoriseront la retraite des troupes amies, tandis qu'ils forceront l'ennemi à suspendre sa poursuite.

213. L'indépendance plus absolue de chaque soldat, due à une aptitude plus grande à se servir de son arme et à utiliser les avantages du terrain, *permet de déployer ces corps sur une étendue plus grande qu'on ne pourrait le faire avec des forces égales en infanterie*, principalement dans les combats prolongés, dans les défenses de positions, dans les mouvements ayant pour but de masquer la marche d'un corps, etc., etc. — Savoir se plier aux circonstances et prendre les dispositions nécessaires pour relever les tirailleurs et soutenir ce combat, qu'on prévoit devoir être d'une certaine durée: telle est naturellement l'affaire des commandants de subdivision, qui doivent, en temps de paix, en faire l'objet de l'instruction de leurs troupes.

214. Conformément à ces indications, les bataillons de chasseurs devront, en principe, être réservés pour des entreprises spéciales, et, conséquemment, être placés dans la *formation de combat* de manière à les avoir constamment sous la main pour en disposer dans ces occasions.

Dans la *formation en colonnes de grands corps d'armée*, on assignera aux bataillons de chasseurs un rang qui ne porte jamais atteinte à l'indivisibilité de chaque régiment. L'habitude, devenue presque générale, de les employer comme *avant-gardes* doit être considérée comme prise en dépit de leur destination et comme un sacrifice inutile; il en est de même de l'usage non moins fréquent des chasseurs, fait souvent sans utilité et mal à propos, pour l'attaque à la baïonnette ou le choc en masse, tandis qu'on devrait les réserver surtout pour les cas où la supériorité de leur tir peut rendre de grands services.

215. Enfin, les missions exigeant tout particulièrement de la persévérance, de l'activité et l'habitude d'agir isolément seront confiées aux bataillons de chasseurs, auxquels on pourra adjoindre des *sections de* *cavaliers détachés de brigades légères.* Ces missions réclameront rarement le concours de bataillons entiers, mais seront plus souvent accomplies par de petites subdivisions. Nous n'avons pas à nous occuper ici de ces manœuvres, qui rentrent moins dans le domaine de la tactique et de l'art de combattre en grand que dans celui de la théorie de la petite guerre.

§ 28.

Rôle de la cavalerie.

216. Il est admis que la cavalerie attachée à une division doit rarement dépasser la force d'un régiment (excepté le cas où la division comprend une brigade légère). Ce seul fait prouve que cette cavalerie n'est pas destinée à se mesurer directement avec la cavalerie ennemie; ce rôle est réservé aux corps de cavalerie, aux réserves, etc.

217. En raison de sa composition numérique, la cavalerie attachée à une division agira le plus souvent par petites fractions (escadrons, demi-escadrons, pelotons et patrouilles), et aura pour mission:

1° De reconnaître l'ennemi bien au delà de la ligne d'infanterie, et en général, de faire le service des patrouilles et des reconnaissances;

2° De menacer les flancs, le derrière et les communications de l'adversaire;

3° D'éclairer le terrain en avant du front de bataille, de couvrir la marche des troupes amies et de gêner et d'embarrasser l'ennemi dans son déploiement;

4° De couvrir les retraites, et de repousser les attaques dirigées sur l'infanterie par la cavalerie de l'adversaire;

5° De poursuivre l'ennemi quittant ses positions et battant en retraite;

6° De couvrir les batteries d'artillerie, mais en même temps de menacer les pièces ennemies isolées qui ne sont pas suffisamment défendues.

218. La cavalerie divisionnaire remplira ces devoirs et ces missions spéciales, à mesure que l'occasion s'en présentera, tantôt par grandes, tantôt par petites fractions; et les ordres lui parviendront en conséquence soit avant, soit pendant le combat. Les généraux feront donc bien de se servir de cette arme avec prudence et économie, afin qu'ils aient constamment quelques subdivisions de cavalerie à leur disposition, et devront lui assigner une place où elle puisse facilement se porter aux points où son concours peut devenir nécessaire.

219. Ainsi, dans la *formation en colonnes* de grands corps d'infanterie, la cavalerie divisionnaire se placera, une partie à la tête des colonnes (pour servir d'avant-garde), une partie près des batteries, afin de pouvoir se trouver, au moment du déploiement, alors que les batteries devront sortir des colonnes pour s'établir à de grandes distances soit sur les flancs, soit en arrière.

220. *Au contraire, au moment où le combat s'engage*, il paraît prudent de rassembler la cavalerie divisionnaire (à l'exception, pourtant, des détachements qui ont à remplir des missions spéciales s'étendant au delà de la zone du combat) derrière la 2ᵉ ligne ou entre celle-ci et la réserve, afin de pouvoir ainsi en disposer selon les besoins.

221. Pour ces cas isolés on ne peut pas assurément établir des règles rigoureuses : la configuration du terrain et les éventualités du combat devront servir de guides à ceux qui commandent aussi bien dans la *disposition* que dans l'*exécution*. Ils tiendront compte des avantages du terrain pour mettre leurs troupes le moins possible à découvert, et profiter de la principale supériorité de leur arme (*qui consiste dans son apparition et sa disparition subites*), sans que, pour cela, ils aient besoin de faire des préparatifs entraînant de grandes pertes de temps.

Dans ce but il faut que l'ensemble du plan du général soit communiqué, en temps opportun, aussi bien au commandant de la cavalerie divisionnaire qu'aux chefs de détachements, pour qu'ils puissent saisir *toutes les occasions favorables* pour prendre au combat une part soudaine et énergique.

222. Quand la cavalerie divisionnaire se trouve aux prises *avec la cavalerie ennemie, elle doit particulièrement faire tous ses efforts pour l'attirer sous le feu de l'infanterie amie.* Ce cas se présentera surtout à l'occasion de grandes attaques de cavalerie franchement prononcées. Une cavalerie bien instruite saura entraîner alors ses adversaires sous le feu de l'infanterie, en leur opposant d'abord de petits détachements — des patrouilles —; ce n'est qu'au moment opportun qu'elle s'ébranlera subitement et se portera en force sur les flancs et sur les derrières de l'adversaire, obligé de battre en retraite devant le feu de la mousqueterie.

D'un autre côté, la cavalerie ne doit jamais oublier que, dès qu'elle s'aventure à la portée du feu de l'infanterie ennemie, elle est exposée aux mêmes tentations et aux mêmes conséquences; elle ne devra donc jamais, en poursuivant la cavalerie ennemie culbutée, se laisser entraîner trop loin par son ardeur; car la déroute de la cavalerie de l'adversaire n'est bien souvent que simulée.

223. Lorsqu'on assignera à la cavalerie une position où elle doive attendre, elle choisira elle-même l'endroit le plus favorable, où elle soit à l'abri de pertes inutiles; ses patrouilles devront en même temps explorer fréquemment le terrain avoisinant pour ne jamais s'exposer à une surprise.

224. Les mêmes mesures seront prises quand la cavalerie sera chargée d'escorter des pièces d'artillerie. Le terrain sera exploré avec le plus grand soin. Selon les circonstances, si l'on n'a pas d'infanterie à sa disposition, les servants mettront pied à terre et seront portés aux points les plus importants ou aux endroits sur lesquels s'avancera l'infanterie ennemie.

225. Par contre, pour enlever des pièces ennemies, si l'on est parvenu à s'en approcher sans se découvrir, il faudra les attaquer de différents côtés. La plus grande partie de la cavalerie devra se précipiter sur les attelages, le restant sur les servants. La prise ou la dispersion des attelages sera très-sensible à l'ennemi; elle influera plus ou moins sur la perte des pièces, qu'il n'aura pas toujours le temps d'emmener immédiatement.

226. Enfin il est à peine nécessaire de faire observer que le devoir de l'infanterie est de profiter du moment opportun pour soutenir de son feu les manœuvres de la cavalerie toutes les fois que celles-ci s'exécutent à sa portée, et que, par contre, le devoir de la cavalerie est de s'appliquer à ne pas gêner le feu de l'infanterie.

§ 29.

Rôle de l'artillerie.

227. Les pièces d'artillerie attachées à une division forment un corps indépendant dont toutes les parties sont réunies sous la direction et le commandement d'un officier de l'état-major d'artillerie ; cet officier est, en tous points, sous les ordres du général de division, mais en même temps il a la responsabilité du bon emploi de son artillerie.

228. L'artillerie ne sera bien et efficacement employée qu'autant que sera assurée avant tout l'action collective de toutes les pièces attachées à la division, ce qui, d'ailleurs, n'empêchera pas d'établir ces pièces, sur plusieurs points favorables, par batteries ou par demi-batteries ; de cette manière on pourra diriger sur un point quelconque un feu suffisant et beaucoup plus concentré que ne pourraient le faire des batteries agissant isolément ; on sera à même de prêter ainsi aux autres armes un solide point d'appui, et on gênera bien moins leurs mouvements que lorsque plusieurs batteries sont distribuées sur la ligne de bataille d'un même corps d'armée ; enfin, les corps d'artillerie ainsi réunis sont beaucoup plus faciles à diriger et à déplacer, et beaucoup plus aptes pendant le combat à se soutenir réciproquement que des batteries spécialement attachées à des brigades et réduites à leurs propres ressources.

229. Néanmoins on pourra souvent détacher du *gros* de l'artillerie les subdivisions nécessaires pour parer à telle ou à telle éventualité. Ainsi un bataillon chargé d'une mission spéciale pourra emmener deux ou quatre pièces, de même qu'on pourra attacher momentanément à une brigade isolée une demi-batterie, une batterie entière ou même deux batteries. L'union qui doit exister entre les pièces et l'artillerie divisionnaire ne doit donc pas être poussée à l'extrême, quand même l'intérêt général aurait à en souffrir.

230. En général, on ne peut pas exiger de l'artillerie qu'elle suive toutes les manœuvres des autres troupes ; mais le rôle bien entendu de cette arme consiste à préparer et à compléter le mouvement projeté : *il faut donc qu'elle soit disposée d'avance de façon à répondre au plan qu'on s'est tracé,* au lieu de l'être seulement pendant l'exécution du mouvement.

I. *Positions.*

231. Le choix d'une position avantageuse est toujours une condition essentielle pour avoir des feux efficaces d'artillerie. Il faudra prendre en considération la configuration du terrain et s'établir de préférence sur des éminences, d'où la vue s'étende au loin; de plus, on devra tenir compte de la portée des pièces et des circonstances de combat, aussi bien de son côté que du côté ennemi.

232. On doit être d'autant plus circonspect dans le choix de la position, qu'on n'obtient pas généralement un bon résultat dès les premiers coups, mais seulement peu à peu, quand on a eu le temps de régler le tir. D'un autre côté, il est évident que, grâce à la grande portée qu'ont aujourd'hui les pièces de campagne, il se livrera plus d'un combat sur le terrain dominé par l'artillerie.

Les changements fréquents de position seraient donc aussi peu motivés qu'utiles à l'action de l'artillerie, et ne doivent, en conséquence, être tolérés sous aucune condition.

233. Le temps que doit rester l'artillerie sur une position, devant être plus ou moins long, il en résulte qu'il faut attacher une grande importance au choix de cette position. Pour cela il faudra faire une reconnaissance minutieuse du terrain, reconnaissance que le commandant de l'artillerie entreprendra en temps utile avec le concours de l'état-major général, à moins que des points tout particulièrement favorables n'engagent à y établir des batteries.

234. Quels que soient les emplacements qu'on ait choisis, les deux autres armes auront à les considérer comme des points d'appui fixes, et devront s'y soumettre et régler leurs mouvements de manière à gêner le moins possible l'action de l'artillerie. Celle-ci, de son côté, devra observer soigneusement les mouvements des troupes amies, afin de prévenir à temps tout le dommage que pourrait leur causer la direction de son feu.

235. Quand on dresse une batterie, il faut utiliser tous les accidents de terrain pour mettre à l'abri les pièces aussi bien que les caissons, et couvrir par des tranchées et de légers épaulements les positions où l'on prévoit un séjour assez prolongé.

II. *Vitesse du tir.*

236. Il est incontestable que la longue portée des pièces rayées ne donne lieu que trop facilement au prompt épuisement des munitions, parce qu'elle permet d'ouvrir le feu à des distances considérables : on devra donc proportionner *la vitesse du tir à la distance dont on est séparé de l'adversaire.*

237. Quand celui-ci est éloigné des batteries de plus de *2,000 pas*, on ne devra entretenir qu'un feu lent, qu'on accélérera à mesure que la distance diminuera, de telle sorte qu'à *1,200* à *1,000 pas* il devienne vif, et qu'enfin à *600 pas* et au-dessous on fournisse un feu très-nourri.

238. Mais quand des troupes ennemies se rassemblent en grandes masses sur un espace restreint, quand elles débouchent d'un défilé, ou quand les batteries de l'adversaire protégent visiblement leur approche, on peut alors entretenir à de grandes distances un feu bien nourri, dans le cas surtout où l'on serait cerné.

239. Il va de soi que, quand plusieurs batteries sont établies l'une à côté de l'autre, et quand il n'est pas nécessaire de fournir surtout un feu soutenu, ces batteries tireront à tour de rôle, afin de consommer leurs munitions le plus uniformément possible.

III. *Rôle des batteries pendant la marche et pendant le combat.*

240. Si, dans la prévision d'un combat, un grand corps d'armée s'avance par colonnes, la répartition des batteries aura lieu alors suivant les circonstances. C'est ainsi que, selon le cas, toute l'artillerie divisionnaire peut marcher avec la brigade qui se trouve en tête de la colonne, ou bien elle peut, sous la protection d'une escorte suffisante, former une colonne séparée, lorsqu'on s'avance en plusieurs colonnes. Mais, dans tous les cas, des détachements d'artillerie devront prendre rang : soit *à l'avant-garde*, quand celle-ci, par suite des difficultés du terrain, devra être plus ou moins longtemps abandonnée à elle-même; soit *à la brigade qui forme tête de colonne*, quand plusieurs brigades se suivront en colonnes très-profondes. Dans ce dernier cas, il est indispensable *d'y détacher* une ou plusieurs batteries, pour garantir le déploiement jusqu'à ce que le gros de l'artillerie se soit avancé, si, pour des motifs quelconques, celui-ci se trouve plus en arrière.

241. Les batteries attachées à des brigades isolées marchent habituellement au centre de ces dernières, sans cependant couper aucun des régiments composant ces brigades.

242. Si l'on veut passer de la formation en colonnes ou de la position normale à la formation de combat, les batteries se porteront au point qui leur aura été assigné à la suite des reconnaissances ou de l'inspection du terrain dont il a été parlé plus haut : de ce point elles auront à protéger le déploiement des troupes. En règle générale, ce point se trouvera sur le flanc ou sur le derrière d'une des ailes de la ligne de bataille que l'on voudra occuper ; — souvent aussi les batteries d'un grand corps de troupes prenant place dans la ligne de bataille se réuniront à celles d'un autre corps qui a déjà engagé le combat, etc.

243. Si, pendant leur déploiement, des corps de troupes viennent se placer *à cheval* relativement à des batteries faisant feu, il sera prudent de s'établir à une plus grande distance de ces corps ; mais on devra toujours éviter de placer des troupes dans la ligne de tir des batteries, parce que ce serait offrir à l'ennemi un double point de mire.

244. *Engager, dès le début d'une affaire, toutes les batteries d'une division, serait commettre une faute grave et faire un emploi peu judicieux des forces dont on dispose.*

Dans la règle, les batteries de 8 suffisent pour l'ouverture du feu, qui, dans cette circonstance, doit presque toujours porter à de grandes distances ; les batteries de 4, au contraire, doivent être tenues en réserve jusqu'au moment où leur coopération peut devenir utile.

IV. *Rôle des batteries dans l'offensive.*

245. Les mouvements d'attaque sont couvenablement préparés et commencés par le feu de l'artillerie.

Avant tout, on prendra pour objectif les batteries ennemies, afin de diminuer l'efficacité de leur feu, relever ainsi le moral des troupes et masquer ou faciliter leurs évolutions; puis on tirera sur les troupes et les positions de l'adversaire.

246. Il serait moins rationnel de donner à chaque batterie une tâche spéciale que de diriger successivement sur un seul et même point un feu bien concentré, parfois même le feu commun de toutes les batteries, dans le but de vaincre l'un après l'autre les obstacles qui s'opposeraient au résultat que l'on veut obtenir.

Le commandant en chef de l'artillerie devra, d'ailleurs, donner d'avance des instructions sur l'ordre dans lequel les points principaux devront servir de points de mire au feu des batteries; ce qu'il ne pourra faire que dans le cas où il aurait eu connaissance, en temps opportun, des intentions du général.

247. Comme il a été déjà dit, quoique de fréquents changements de position soient préjudiciables à l'efficacité du tir, les batteries devront pourtant, à mesure que les troupes avanceront, modifier leurs positions et suivre le mouvement progressif de ces troupes. Cette manœuvre devra s'exécuter *successivement*, batterie par batterie, afin que le feu ne s'éteigne jamais complétement. Les dernières pièces ne pourront quitter leur ancienne position que lorsque le feu aura été ouvert par les nouvelles batteries.

248. Lorsqu'il s'agira de faire une attaque *directe* de la position de l'ennemi, — quand il sera nécessaire de la forcer, — le feu de l'artillerie devra être renforcé par les batteries tenues jusqu'alors en réserve.

On canonnera, dans ce cas, non-seulement les troupes, mais aussi les batteries de l'adversaire; plus le feu sera vif et efficace, et plus il favorisera l'assaut.

249. La distance dont on est séparé de l'ennemi, la marche du combat et la plus ou moins grande étendue du champ de tir sont autant de points sur lesquels devra se régler la conduite de l'artillerie, soit après une attaque *heureuse*, soit après une attaque *repoussée*.

Dans le premier cas, elle prendra, *avant tout*, pour points de mire, *les colonnes ennemies battant en retraite*, afin de rendre leur désordre plus complet; au besoin, elle quittera en partie sa position pour les canonner d'une manière plus efficace.

Dans le second cas, son opiniâtreté contribuera puissamment au prompt ralliement des troupes repoussées; elle devra, dans tous les cas, diriger le feu le plus vif *sur les colonnes ennemies qui tenteraient de poursuivre leur succès*.

250. Comme il n'est guère possible de prévoir les chances d'un pareil combat, et comme, en cas d'une issue malheureuse, les batteries qui se seraient avancées à proximité de la position ennemie seraient par trop exposées ou du moins gênées dans leur tir, il en résulte que, pendant les combats à l'arme blanche, l'artillerie ne doit pas se laisser entraîner par son ardeur et s'aventurer trop près des combattants. Il ne faut pas oublier surtout que l'infanterie est actuellement munie d'un fusil très-perfectionné, que, par suite, les batteries qui s'exposeraient inutilement, deviendraient un excellent point de mire pour les tireurs ennemis.

251. *Dans les changements de front et les mouvements par échelons*, l'artillerie divisionnaire s'établit ordinairement au pivot et, en général, aux points d'où elle puisse protéger la marche des troupes, et où elle ne risque pas d'être masquée ni obligée de déplacer souvent ses batteries; d'où, enfin, elle soit à même d'enfiler facilement la position ennemie.

V. *Rôle des batteries dans la défensive.*

252. Le principe énoncé plus haut, par lequel on ne doit pas engager *toutes* les batteries dès le début d'une affaire, s'applique aussi à la *défensive*. En règle générale, les pièces à longue portée prendront position les premières et ouvriront le feu à de grandes distances; les batteries de 4, au contraire, seront tenues en réserve jusqu'au moment où l'on sera fixé sur les mouvements, la direction de l'attaque, en un mot, sur les intentions de l'adversaire : ce n'est qu'alors qu'on les fera entrer en ligne ou qu'on leur donnera une destination appropriée aux circonstances.

253. Pour ce qui concerne la vitesse, l'intensité et la direction des feux, on se conformera à ce qui a été dit plus haut.

Un combat d'artillerie engagé entre les batteries des deux armées ne doit pas faire négliger de tirer sur les colonnes ennemies qui s'avancent; à mesure qu'elles approcheront, on devra accélérer le feu, et on concentrera enfin sur elles les efforts de toutes les pièces.

254. Dans ces circonstances, les batteries servent naturellement de points de mire à l'artillerie ennemie; il est donc nécessaire de les *couvrir* aussi soigneusement que possible. Dans les positions défensives, les intervalles d'une pièce à l'autre devront aussi être plus grands, afin d'offrir à l'ennemi un but moins facile à atteindre.

255. Si, par suite des progrès de l'adversaire ou de circonstances quelconques, les batteries sont forcées de battre en retraite et de s'établir en arrière de leur première position, le feu ne devra être cessé que *successivement*. — Le temps pendant lequel les batteries devront rester dans leur position, la nécessité de se retirer assez à temps ou de rester jusqu'au dernier moment en s'exposant même à perdre des pièces, pourvu qu'elles fassent à l'ennemi le plus grand mal possible, ce sont là des questions auxquelles répondront les circonstances et l'intelligence des commandants.

C'est à ces derniers à choisir et à décider entre l'impérieuse nécessité d'un sacrifice commandé par la situation, et le devoir de conserver le matériel pour les éventualités ultérieures.

256. Dans les retraites et les marches rétrogrades, les batteries doivent toujours chercher à gagner une avance sur l'infanterie, afin de pouvoir protéger à distance la marche des colonnes.

257. Il est bon de recommander encore à l'artillerie de ne pas trop tarder à commencer sa retraite, lorsque celle-ci doit s'effectuer sur un terrain coupé, insuffisamment pourvu de voies de communication, etc. — Faisons observer, enfin, que l'arrière-garde, aussi bien que l'avant-garde, peut et doit, dans certains cas, être renforcée de pièces détachées du gros de l'artillerie divisionnaire.

VI. *Rôle des batteries dans les attaques de cavalerie.*

258. Dans le cas d'attaques sérieuses faites par la cavalerie ennemie, l'artillerie devra rester avec opiniâtreté dans ses positions et continuer son feu avec intrépidité et sang-froid ; car, en abandonnant ses positions pour s'abriter au dernier moment entre les carrés de l'infanterie, on n'aboutit ordinairement qu'à une grande confusion.

259. Du reste, la cavalerie ennemie ne s'approchera pas impunément si, conformément au principe déjà énoncé, on a fait un choix judicieux du terrain et si l'on a eu soin d'abriter convenablement les batteries.

Si des détachements d'infanterie se trouvent à proximité, — ce qui sera le cas le plus général, — ils contribueront puissamment à la défense des pièces en prenant des positions convenablement choisies d'où les batteries seront flanquées et secondées par un feu sagement réglé.

260. Le commandant de batterie devra réclamer, au besoin, l'appui de l'infanterie qui se trouvera le plus à sa portée; le commandant de cette infanterie ne se refusera jamais de se rendre à une pareille demande.

Cette recommandation, faite une fois pour toutes, s'adresse à tous les commandants de troupes pour les cas où la situation périlleuse de l'artillerie réclame le secours des autres armes.

261. Pour mettre en sûreté les affûts et les caissons, on procédera de la manière expliquée par la figure reproduite à la page 149 du Règlement sur les exercices. Du reste, dans le cas précité comme dans toutes les éventualités où il s'agira de protéger directement les batteries, *les troupes chargées d'escorter ces batteries* auront à jouer le premier et le principal rôle.

VII. *Escortes des batteries.*

262. L'organisation de l'artillerie ne donnant pas à cette arme la possibilité de se protéger elle-même, on doit adjoindre aux batteries des escortes suffisantes d'infanterie ou de cavalerie.

263. L'infanterie fournit ordinairement une compagnie pour servir d'escorte aux batteries réunies d'une même division; cette compagnie fait le service de sûreté, aussi bien en route que dans les camps, sous la direction du chef de l'artillerie, auquel elle est subordonnée en tout point.

264. Pendant le combat, au contraire, ce sont les généraux et les commandants de troupes ayant des batteries à leur disposition, qui sont chargés de leur fournir les escortes nécessaires. Quand les batteries devront se porter rapidement en avant, par exemple pendant un déploiement, où elles ne pourraient pas être suivies par l'infanterie, l'escorte devra toujours se composer de cavaliers, excepté cependant sur les terrains coupés et montagneux, où la mobilité des batteries est d'ailleurs forcément modifiée.

Une fois les batteries établies, il convient de demander aux bataillons les plus voisins une escorte convenable, surtout si le terrain est coupé et accidenté de manière à cacher l'approche de l'ennemi. Les chefs des troupes les plus rapprochées sont obligés d'accorder l'escorte demandée, et les commandants de batterie ou de l'artillerie sont responsables de l'opportunité de leur demande.

265. Le commandant d'artillerie doit en outre instruire son escorte du rôle qu'elle aura à jouer et la placer aux endroits les plus favorables.

Le rôle des escortes ne consiste pas seulement à prendre part aux combats qui pourront se livrer à proximité de la batterie; elles devront étendre leur action bien au delà, et explorer fréquemment le terrain pour empêcher des tirailleurs isolés entreprenants ou des partisans ennemis de se glisser jusqu'à la batterie et d'y porter la confusion par un feu à bout portant.

Elles auront donc, avant tout, à protéger les ailes et les flancs des batteries.

A l'approche de l'artillerie ennemie, elles se porteront résolûment en avant, et, mettant à profit tous les accidents de terrain, s'efforceront d'attirer sur elles et de paralyser le plus tôt possible le feu dirigé sur la batterie. Si néanmoins l'artillerie était forcée de quitter la position, elles devront couvrir sa retraite en faisant au besoin les plus grands sacrifices.

Une partie de l'escorte veille à la sûreté des caissons.

On s'abritera le mieux possible contre le feu de l'artillerie ennemie, et l'on atteindra facilement ce but en postant les escortes sur les flancs des batteries.

266. En dehors de ces circonstances ordinaires, sur lesquelles se réglera la conduite des escortes, il peut devenir indispensable de maintenir à tout prix une position d'une importance exceptionnelle. C'est alors aux commandants supérieurs à prendre en temps utile les mesures nécessaires et à renforcer la position par des détachements plus considérables, au besoin par des bataillons entiers.

267. *Observation.* Ce qui vient d'être dit du rôle de l'artillerie divisionnaire, s'applique également aux réserves d'artillerie de corps d'armée, de même qu'à de grands corps d'artillerie.

§ 30.

Observations finales.

268. La présente Instruction sur les manœuvres traite, autant que possible, de tous les cas qui peuvent se présenter dans la tactique de grands corps de troupes, depuis et y compris le régiment; elle indique les voies et moyens par lesquels les différentes armes peuvent le mieux arriver à rendre les services qu'on est en droit de leur demander au point de vue purement tactique.

269. Mais bien qu'elle ne soit pas un pur formulaire et qu'elle contienne des indications qu'on n'est nullement tenu de suivre strictement, elle a dû cependant se borner à des principes généraux, que les officiers supérieurs devront s'appliquer à relier méthodiquement pour en former un tout complet et les mettre en pratique en temps de paix aussi bien que sur le champ de bataille.

270. Se contenter de familiariser les troupes avec le mécanisme de chaque mouvement isolé, sans leur en faire comprendre l'application suivant les différentes natures de terrain et les circonstances du combat, serait méconnaître d'une manière impardonnable l'esprit de ces instructions.

271. Afin de prévenir de fausses interprétations, il convient de fixer les conditions dans lesquelles s'exécutent les exercices de corps de troupes de la force d'un régiment et au delà, exercices qui ne doivent pas avoir pour but une instruction purement mécanique. Voici ces conditions :

1° Réunir, si cela est possible, les trois armes;

2° Choisir un terrain accidenté, favorisant les changements des dispositions tactiques;

3° Se tracer un plan tendant à un résultat clairement déterminé, et basé sur l'hypothèse de certaines éventualités, principalement d'éventualités tactiques;

4° Détacher quelques subdivisions de troupes pour représenter l'ennemi que l'on est censé avoir à combattre.

Ce n'est que de cette manière qu'on pourra faire comprendre aux troupes la relation et l'action réciproque des trois armes et qu'on leur offrira, au moins autant que possible, l'image de la marche d'un combat en règle.

272. Mais avant tout et toujours, les chefs et les troupes devront être exercés à utiliser avec soin les avantages du terrain. Ils ne devront jamais oublier que le choix judicieux de la position forme la base de toutes les opérations. Ils n'oublieront pas non plus que, malgré les occasions qui, dans le cours d'une affaire, s'offriront à l'un ou à l'autre des chefs d'agir isolément, l'ensemble tactique ne devra jamais avoir à en souffrir, et que l'action isolée devra en tout temps être subordonnée au but qu'on se propose d'atteindre en commun.

273. D'après cela, chaque commandant supérieur soumettra à la règle suivante la coopération du corps de troupes placé sous ses ordres : « Le régiment sera toujours employé comme régiment, la division comme division; ils seront divisés et disposés dans leur ensemble selon que les circonstances l'exigeront, et l'on s'efforcera d'atteindre le résultat général en ménageant ses forces avec cette sage prévoyance dont on doit se faire un devoir impérieux en considération de l'incertitude, de la durée et des chances du combat. »

274. Les mesures prescrites par le Règlement sur les exercices de l'infanterie (points 8 et 9), pour abriter les troupes contre le feu de l'ennemi, s'appliquent également aux corps de troupes plus considérables que le régiment.

On ne saurait assez recommander de dérober les troupes aux regards de l'ennemi, soit au moyen des accidents de terrain pendant l'exécution du mouvement, soit en les faisant coucher à terre quand elles doivent rester en place; de déplacer les bataillons qui occupent la seconde ligne de bataille ou qui forment la réserve, afin de les mettre, autant que possible, à l'abri du feu de l'adversaire; enfin, de les cacher jusqu'au moment de l'ouverture du feu et de les couvrir pendant le combat autant que le permettent les circonstances.

275. Pour s'assurer si toutes ces mesures de précaution ont été convenablement prises, le commandant ou l'instructeur de la manœuvre, en temps de paix, se portera fréquemment du côté de l'ennemi et observera de là la position de ses propres troupes.

APPENDICE.

DISPOSITIONS A PRENDRE POUR LES REVUES.

§ 31.

Réceptions.

276. Quand une troupe doit être passée en revue, elle peut être placée soit en ligne déployée, soit dans la position normale, ce qui dépendra en partie de l'espace disponible, en partie de la volonté du commandant ou, en général, des ordres reçus à cet effet.

La distance d'une ligne à l'autre se réglera également sur l'étendue du terrain, mais ne devra jamais, dans les revues, dépasser 100 pas.

Les bataillons de la 2e ligne et des lignes suivantes se placeront derrière ceux de la 1re de manière que les drapeaux se correspondent.

277. Les bataillons d'un régiment isolé peuvent se placer l'un à côté de l'autre ou l'un derrière l'autre sur une ou plusieurs lignes.

Suivant le terrain, les brigades, les divisions et les corps d'armée se placeront sur une ou plusieurs lignes;

les bataillons de chasseurs seront répartis selon que les circonstances le permettront, mais toujours de façon à ne pas couper les régiments.

La cavalerie et l'artillerie se placeront derrière les lignes de l'infanterie et adopteront une formation analogue à la leur.

Les troupes spéciales (techniques), le train, etc., seront placés selon le terrain disponible.

278. La musique d'un régiment isolé ou d'un bataillon de chasseurs se tient à l'aile droite de la 1re ligne, à une distance de 6 pas en dehors de celle-ci.

Si plusieurs musiques assistent à la revue, l'une d'elles se place à l'aile droite de la 1re ligne, l'autre à l'aile opposée de la 2e ligne, et ainsi de suite.

279. Les chefs de bataillon prennent la place indiquée au § 17 du Règlement sur les exercices; les colonels se placent à l'aile droite de leur régiment, à 6 pas en avant du guide général ou du capitaine (de la 1re compagnie). Si le propriétaire du régiment assiste à la revue, il se place à 4 pas en avant du colonel; le général de brigade à la même distance en avant du colonel ou du propriétaire; le général de division également à 4 pas en avant du chef de brigade, etc.

S'il ne se trouve pas de colonel à l'aile droite, le chef de brigade prend la place du commandant de régiment, etc.

280. Les adjudants de bataillon occupent la place prescrite au § 160 du Règlement sur les exercices; auprès d'eux viennent se ranger, suivant que les chefs respectifs se trouvent à l'aile correspondante, l'adjudant de régiment, puis l'adjudant du propriétaire, les officiers d'ordonnance s'il y en a, enfin les officiers d'état-major, en un mot, tous ceux qui forment la suite jusques et y compris la suite du chef de la brigade. Toutes les autres suites, à partir de celle du général de division, se tiennent au côté opposé, en dehors des musiques, et de telle façon que le plus ancien de grade se trouve à l'aile extrême.

Les musiques doivent toujours faire place aux cavaliers; ceux-ci, de leur côté, doivent, selon les exigences, se placer sur deux ou plusieurs rangs.

281. Si plusieurs divisions ont pris les armes, leur commandant (commandant de corps d'armée, général commandant, ou général en chef) se place à la tête des généraux et officiers d'état-major susnommés.

282. Les officiers d'état-major, les officiers supérieurs, les parties de l'état-major, etc., qui se sont adjoints à un corps de troupes sans y exercer aucun commandement, se placent à l'aile gauche de ce corps.

283. Si l'on a fait prendre les armes seulement à une partie des troupes placées sous les ordres d'un même chef (par exemple, à un seul des régiments d'une brigade), et que leurs commandants soient néanmoins tenus d'assister à la revue ou à l'inspection, ceux-ci, sans mettre l'épée à la main, se placent, avec leurs suites, à l'aile droite de leurs troupes et à l'endroit qui leur a été assigné.

284. Quand le supérieur est arrivé à une distance

d'environ 100 pas de l'aile droite, le général commandant la revue prévient, par un signe de son épée, les chefs de bataillon de faire rendre les honneurs prescrits au § 17 du Règlement sur les exercices; puis, quand le supérieur n'est plus qu'à une distance d'environ 30 pas, il s'avance à sa rencontre en faisant le salut qui lui est dû. Il rend compte ensuite de la force des troupes qui sont sous les armes (du nombre d'hommes, de chevaux, de bouches à feu) et accompagne le supérieur pendant toute la durée de la revue.

285. Seul le commandant en chef a le droit d'aller au-devant du supérieur et de lui rendre compte de l'effectif des troupes; son aide de camp ou son officier d'état-major peut seul présenter l'état de situation au chef d'état-major ou à l'adjudant du supérieur qui passe la revue.

A l'arrivée du supérieur, tous les autres commandants de troupes resteront à leur place, le salueront et le suivront pendant la revue des troupes placées sous leurs ordres.

Pendant la revue, les suites suivront leurs chefs aussi longtemps que ceux-ci accompagneront l'inspecteur.

Les commandants de bataillons formant corps se comporteront de la même manière.

286. Les musiques, les tambours, les clairons, les trompettes et les gardes de drapeaux se conformeront aux ordres qu'ils auront reçus. Si un morceau de musique doit être exécuté, il devra être commencé en même temps que les honneurs rendus par le bataillon à côté duquel sont placées les musiques, c'est-à-dire par celui auquel elles appartiennent.

287. *Observations.* Afin de fixer l'emplacement des grands corps de troupes dans une parade, tous les adjudants de bataillon et de régiment, les officiers attachés à l'état-major des brigades et des divisions, plus un sous-officier par bataillon, batterie ou escadron, devront se rendre, en temps utile, sur le lieu où l'on veut passer la revue, et s'y placer de telle sorte que chaque corps reconnaisse immédiatement l'emplacement qui lui sera assigné.

§ 32.

Défilé.

288. Pour le défilé des corps de troupes de la force d'un régiment et au delà, on commande :

Pour défiler — *à droite* (ou *à gauche*), selon l'intention de celui qui commande, *par compagnie, par demi-compagnie* ou *par peloton* (pour l'infanterie et les chasseurs); les autres corps et armes se rangent dans un ordre analogue; puis toutes les troupes se formeront suivant l'ordre uniforme qui leur sera donné.

289. A moins d'une recommandation spéciale, le défilé de grands corps de troupes renfermant les trois armes, s'exécute dans l'ordre suivant:

1° Infanterie, bataillons de chasseurs à la tête ou à la queue des régiments d'infanterie de la brigade ou de la division dont ils font partie;

2° Artillerie;

3° Cavalerie.

Comme dans la première formation, la disposition du terrain déterminera s'il faut faire défiler l'artillerie et la cavalerie divisionnaires à la suite de leurs divisions respectives, ou bien s'il faut réunir par arme les différents corps qui prennent part à la revue.

290. La direction de la marche sera indiquée par deux officiers à cheval, qu'un officier de l'état-major, ou, à défaut de celui-ci, l'aide de camp du commandant des troupes inspectées, place à une distance d'environ 40 pas des deux côtés du point du défilé; ils feront face aux troupes.

Quand les troupes passées en revue se composent d'une ou de plusieurs divisions, il convient de placer encore un troisième officier à environ 60 pas au delà du point du défilé, afin de mieux marquer la direction. Dans ces cas, les jalonneurs doivent être relevés de temps en temps.

291. Toutes les dispositions relatives au défilé doivent être prises avec la plus grande rapidité.

Aussitôt que le défilé peut commencer, les commandants et les propriétaires de régiment, les chefs de brigade et les généraux de division se portent devant la musique des corps qu'ils ont sous leurs ordres. Le colonel marche à 4 pas en avant de la musique; le chef de brigade à égale distance en avant du commandant ou du propriétaire du régiment, ou, enfin, immédiatement en avant de la musique, si, par exemple, un bataillon formant corps se trouvait à la tête de la colonne. Le général de division marche à une distance de 9 pas en avant du chef de brigade; le commandant de corps d'armée à égale distance du général de division, et ainsi de suite.

Au signal donné par le général commandant le défilé en élevant l'épée au-dessus de la tête, le chef du corps formant tête de colonne met aussitôt ses troupes en mouvement.

292. Les suites jusques et y compris la brigade, si elles ne remplissent pas les fonctions de jalonneurs, se rangent, dans l'ordre indiqué au n° 280, auprès des adjudants de bataillon placés à la tête de la colonne; ils observeront, en ce qui concerne leur propre défilé, ce qui est prescrit (n° 175 du Règlement sur les exercices) à chaque adjudant de bataillon. Les suites, à partir de la division et au-dessus, chevauchent à 3 pas sur le flanc et en arrière de leurs chefs, à l'aile opposée au point du défilé et dans l'ordre prescrit pour la réception.

293. Les généraux ou officiers d'état-major assistant à la revue, mais n'exerçant aucun commandement, se portent, avant que le défilé soit commencé, auprès du supérieur qui passe la revue et se placent à 3 pas en arrière et sur le côté de celui-ci, en faisant face aux troupes.

294. Tous les commandants saluent au moment prescrit et défilent de la manière indiquée par le Règlement sur les exercices; ceux d'entre eux qui, pendant la revue, devaient accompagner le général inspecteur, se rangent de même auprès de lui pendant le défilé.

295. Pour défiler, les bataillons conserveront entre eux la distance de bataillon; les brigades et les divisions, au contraire, seront séparées par un intervalle quadruple de bataillon; il en est de même de la cavalerie, de l'artillerie et des bataillons de chasseurs.

Les troupes, les musiques, les tambours et les clairons auront à suivre les prescriptions du Règlement sur les exercices.

296. Au commandement : *Pour défiler*, les tambours du premier bataillon iront rejoindre leur musique marchant à la tête de ce bataillon. Si, pour le défilé des batteries, on n'a sous la main aucune musique d'artillerie ou de cavalerie, une musique d'infanterie sera désignée pour jouer pendant qu'elles défileront, mais sans se faire accompagner par les tambours. Chaque musique joue aussi longtemps que dure le défilé du corps auquel elle appartient, ou jusqu'à ce que la musique du corps qui défilera après le sien, soit placée à côté d'elle et commence à jouer de la même manière.

§ 33.

Décharge générale.

297. Pour exécuter une décharge générale, le chef qui commande les troupes passées en revue, se place devant le centre de la 1re ligne et commande :

Attention ! — Décharge générale!

Les chefs de bataillon, qui, dans ce cas, se placent également devant le centre de leurs bataillons, font exécuter la décharge générale conformément aux prescriptions du Règlement sur les exercices. Le bataillon qui se trouve à l'aile droite de la 1re ligne commence le feu; dans la 2e ligne, sans considération de brigade ou de division, le feu est commencé par le bataillon de l'aile gauche, après que tous les bataillons de la 1re ligne ont exécuté leur décharge. A la 2e ligne succède de la même manière la 3e, et ainsi de suite; puis, quand l'infanterie a terminé, l'artillerie fait successivement feu avec toutes ses pièces ou seulement avec celles qui ont été désignées.

298. Une première décharge ayant été faite ainsi, tous les bataillons présentent les armes, puis, — quand les musiques ont joué la première partie de l'hymne national, — ils portent les armes, et, au nouveau commandement: *Attention! — Décharge générale!* ils recommencent le feu, et rendent, après la seconde décharge, les mêmes honneurs qui ont suivi la première.

299. Après la première et la deuxième décharge, chaque bataillon recharge séparément, avant de présenter les armes.

Après la troisième décharge et quand toutes les troupes ont présenté les armes, le chef qui commande les troupes passées en revue, se rend auprès du supérieur pour prendre ses ordres.

Ce n'est qu'après avoir rempli cette formalité, qu'il devra faire porter les armes et exécuter les autres ordres qu'il aura reçus.

§ 34.

Devoirs des musiques et des tambours dans les manœuvres de grands corps de troupes.

300. Dans les manœuvres tactiques de grands corps de troupes, les musiques doivent, dans la règle, quand les troupes sont placées par ordre de bataille, se placer derrière les lignes, au centre du corps auquel elles appartiennent, de manière à ne pas gêner les mouvements et à ne causer aucun autre embarras. Dans la formation normale, elles suivent les troupes en se tenant sur leur flanc.

Dans la formation en colonnes, les musiques ne doivent jamais marcher en tête, mais être réparties entre les bataillons.

301. Les tambours doivent se conformer, en toutes circonstances, aux prescriptions du Règlement sur les exercices; ils battront *piano* pendant les mouvements préparatoires et les marches de leur bataillon. Pendant l'exécution des mouvements faits par tous les bataillons à la fois, par exemple dans les marches de front, ce sont les tambours des bataillons de direction, ou, dans les marches de courte durée en simple colonne, ceux du bataillon formant tête de colonne, qui battent *forte*; tous les autres, *piano*.

Tous les tambours-majors doivent, pendant les mouvements simultanés de la brigade, de la division, etc., avoir les yeux constamment fixés sur le commandant, afin de faire cesser immédiatement la batterie, sur un signe qu'il donnera de l'épée.